예수님의 고난과 부활은 당신을 위한 것입니다

예수님의
고난과 부활에 대한

40 일간의 묵상

이장렬 지음

당신에게 있어서 예수님의 고난과 부활은 어떤 의미입니까?
지금 예수님의 고난과 부활의 은혜를 경험하십시오!

요단
JORDAN PRESS

예수님의 고난과 부활에 대한
40일간의 묵상

초판 1쇄 인쇄 2019년 2월 25일
초판 2쇄 인쇄 2019년 3월 5일

지은이   이장렬
발행인   이요섭
펴낸곳   요단출판사
기획   김성집
편집   이인애
디자인   서경화, 조운희
제작   박태훈
영업   김승훈, 김창윤, 이대성, 정준용
          이영은, 김경혜, 최우창, 백지숙

등록   1973. 8. 23. 제13-10호
주소   07238) 서울특별시 영등포구 국회대로 76길 10
기획 문의 (02)2643-9155
영업 문의 (02)2643-7290~1
          Fax(02)2643-1877
구입 문의 인터넷서점 유세근
          요단인터넷서점 www.jordanbook.com

ⓒ 요단출판사 2019

값 12,000원
ISBN 978-89-350-1737-9 03230

• 이 책은 저작권법에 따라 보호를 받는 저작물입니다. 무단전재와복제를금합니다.
• 파손된 책은 구입하신 서점에서 교환해 드립니다. 책값은 뒤표지에 있습니다.

예수님의 고난과 부활에 대한
40일간의 묵상

【 누가복음 22-24장을 중심으로 】

✚

이장렬 지음

목 차

서언 · 6
추천사 · 8
이 책의 구성 및 활용방법 · 12

Day 1 예수님의 연약함과 주(主)되심 · 14
Day 2 유월절과 그리스도의 십자가 · 20
Day 3 측근 제자의 배신 · 26
Day 4 새 가족(New Family) · 32
Day 5 주의 만찬이 주는 교훈(1) 그리스도의 십자가에 주목하기 · 38
Day 6 주의 만찬이 주는 교훈(2) 의식적으로 기억하기 · 44
Day 7 주의 만찬이 주는 교훈(3) 하나님께 감사하기 · 50
Day 8 주의 만찬이 주는 교훈(4) '그 날'을 앙망하기 · 56
Day 9 주의 만찬이 주는 교훈(5) '하나님 나라' 추구하기 · 62
Day 10 주의 만찬이 주는 교훈(6) 하나됨을 지키기 · 70
Day 11 주의 만찬이 주는 교훈(7) 섬김과 희생의 제자도 실천하기 · 76
Day 12 하나님의 주권과 인간의 책임, 그 신비롭고 엄중한 공존 · 84
Day 13 높아짐과 낮아짐의 역설 · 88
Day 14 선 고난, 후 영광 · 94
Day 15 칼을 사야 하는 이유 · 100
Day 16 복된 소식의 신비 · 106
Day 17 기도의 명령(1) 시험에 들지 않게 깨어 기도하기 · 112
Day 18 기도의 명령(2) 주의 은혜를 힘입어 기도하기 · 118
Day 19 기도의 명령(3) 하나님의 뜻 우선으로 기도하기 · 124

Day 20 세상의 방식 vs 예수님의 방식, 그 극명한 대조 • 130
Day 21 맹세와 생존 사이 • 136
Day 22 정치적 희생양? 우주의 통치자! • 144
Day 23 억울하게 매도 당할 때 • 150
Day 24 헤롯, 예수를 보고 '기뻐하다' • 156
Day 25 '대중적 인기'라는 허상 • 164
Day 26 "난 그래도 나름 '최선'을 다했다고!" • 170
Day 27 무엇 때문에 울어야 하는가? • 178
Day 28 예수님이 원수를 다루는 아주 독특한 방식 • 184
Day 29 과연 무엇이 '성공'인가? (I) • 190
Day 30 과연 무엇이 '성공'인가? (II) • 196
Day 31 죽음보다 강한 소망 • 200
Day 32 신뢰의 '끝판 왕' • 206
Day 33 No! 라고 말할 줄 아는 제자 • 212
Day 34 "왜 죽은 사람들 사이에서 찾고 있느냐?" • 218
Day 35 고난과 부활의 필연성 • 224
Day 36 말씀과 체험의 하나됨 • 230
Day 37 몸의 부활 • 236
Day 38 성경의 중심 • 242
Day 39 '회개', 제자들이 전해야 할 메시지 • 248
Day 40 증인됨, 그 특권과 섬김 • 254

맺으면서 • 262

서 언

고난 주간과 부활절을 앞두고 성도님들이 예수 그리스도의 죽음과 부활에 대해 말씀 묵상을 하는 데 도움을 드리고자 『예수님의 고난과 부활에 대한 40일간의 묵상』을 저술하게 되었습니다.

이 책을 쓰기 위해서, 먼저 헬라어 원문과 한글로 누가복음22-24장을 천천히 읽고 묵상했습니다. 그간 복음서를 연구했던 것이 이번 저술에 직, 간접적으로 도움이 되었고, 또 해당 본문에 대해 좀 더 깊이 이해하기 원하는 분들과 교회의 소그룹 묵상 나눔 인도자를 돕기 위해 일반 묵상 책자에서 찾아보기 힘든, 적잖은 분량의 주석을 달아 추가 설명을 제시했습니다. 이번 40일간의 묵상 여정에서 독자들이 매일 성경 본문을 천천히 읽으면서 주님의 말씀을 경청하는 것보다 더 중요한 것은 없다고 확신합니다.

예수님의 죽음과 부활은 역사적 사건인 동시에, 신학적으로 가장 중요한 사건입니다. 하나님 나라의 현존을 알리고 또 그 완성을 확신케 하는 종말론적 사건인 동시에, 우리의 삶에서 매일 주님과의 연합을 통해 확인되고 새롭게 체험되는 실존적 사건입니다. 성도님들이 『예수님의 고난과 부활에 대한 40일간의 묵상』을 통해 성경 말씀을 더 사랑하게 되고, 말씀 묵상에 더 헌신하게 되길 바랍니다. 이번 말씀묵상의 여정을 통해 성도님들이 십자가에서 죽으시고 부활하여 지금도 살아계신 주 예수 그리스도와 더욱 친밀하게 교제하고 동행하게 된다면, 필자에게 그보다 더 영예로운 일은 없을 것입니다.

이 책은 총 40일에 걸친 묵상으로 구성되었으며, 특별히 누가복음22-24장의 각 구절을 충실하게 이해하고 묵상하여 삶에 적용하는 데 도움을 드리는데 초점을 두고 있습니다. 누가복음22-24장 본문이 예수 그리스도의 고난과 부활에 집중하고 있기에, 이 책 역시 주님의 죽으심과 다시 사심에 집중합니다. 한편, 이 책에서는 주님의 죽으심과 다시 사심이 그를 믿고 따르는 제자들(즉, 성도들)에게 어떤 의미가 있는지에도 주목했습니다. 십자가에서 우리 위해 대신 죽으시고 부활하신 주 예수의 은혜를 경험한 자들이 과연 지금 여기서(here and now) 어떻게 살아야 하는가에 관심을 기울였습니다. 책 전체에 걸쳐서 그리스도의 주권, 구약의 유월절과 그리스도의 십자가, 하나님의 주권과 인간의 책임, 섬김, 기도, 원수사랑, '성공'에 대한 성경적 이해, 부활과 영생의 소망, 회개 등 다양한 강조점을 제시하고 있지만, 그 다양성을 관통하는 통일성은 십자가에서 죽으시고 부활하신 주 예수 그리스도의 은혜 그리고 그 은혜에 뿌리를 둔 제자도에서 발견된다고 말할 수 있습니다.

『예수님의 고난과 부활에 대한 40일간의 묵상』이 출판되기까지 원고 전체를 읽고 여러 귀한 조언과 제안을 해 주신 양택식 목사님께 감사합니다. 원고 일부를 읽고 유익한 조언과 제안을 해 주신 유정모 교수님, 전인성 목사님, 권민재 목사님, 김신한 목사님께 감사드립니다. 아울러 출판 준비 과정에서 많은 도움을 주신 교회진흥원 이요섭 원장님과 김성집 팀장님의 기도와 격려에 감사드립니다.

마지막으로, 필자를 이 모습 이대로 사랑해 주는 아들 성민과 아내 선영에게 감사합니다. 아내는 제가 이 책을 잘 마칠 수 있도록 시간적인 면과 여러 실제적인 면에서 자신을 희생했고 저를 헌신적으로 배려해 주었습니다. 아내가 매일 말씀 묵상으로 하루를 시작하며, 힘들 때마다 성경말씀을 의지하는 모습이 제게는 너무나 사랑스럽고 또 자랑스럽습니다! 이 책을 나의 사랑하는 아내, 이선영에게 헌정합니다. 허물 많은 필자가 그나마 더 심하게 나빠지지 않은 것은 아내를 통해 매개되고 시연된 주님의 놀라운 은혜 때문이 아닌가 싶습니다.

미국 캔자스시티 미드웨스턴 신학교 교정에서

이장렬

추천사

이장렬 교수님은 열정으로 가득찬, 신실한 연구가입니다. 연구에 대한 그의 열정은 정평이 나 있습니다. 금번에 그가 펴낸 책 『예수님의 고난과 부활에 대한 40일간의 묵상』은 기독교의 핵심인 그리스도의 고난과 부활을 심도 있게 묵상할 수 있도록 인도하고 있습니다. 깊이 있는 말씀 묵상을 할 수 있도록 해 주는 가이드입니다. 마음을 다해 모든 분들에게 추천합니다.

-유관재, 성광교회 담임목사

기독교 신앙의 정점이자 절정인 십자가와 부활은 아무리 묵상해도 질리지 않으며 새로운 영감과 은혜를 줍니다. 이장렬 교수의 학문적 탁월함과 깊은 영성이 담겨있는 묵상을 통해 오늘을 살아가는 그리스도인들이 예수님의 은혜와 사랑을 생생하게 만나게 되리라 확신하며, 기쁜 마음으로 이 책을 추천합니다.

-유정모, 횃불트리니티신학대학원대학교 교회사 교수

이 책의 독자들은 예수님의 고난과 부활에 대한 신약학자 이장렬 교수의 해설과 묵상을 통해 마치 고난 받으시던 예수님을 직접 목격하는 것 같은 생생함을 경험케 될 것이다. 이 책은 오해하거나 간과하기 쉬운 중요한 본문의 표현들과 사상들을 쉽고 간략하게 하지만 심도 있게 설명하고 있다. 말씀 묵상을 통해 예수 그리스도를 더 깊이 만나고자 하는 모든 성도들에게 이 책을 추천한다. 아울러 설교를 준비하는 목회자들은 이 책의 본문 뿐만 아니라 각주의 자료를 통해 예수님의 고난과 부활에 대한 많은 석의적, 신학적 통찰력을 얻게 될 것이다.

-조동선, Southwestern Baptist Theological Seminary 조직신학 및 역사신학 교수

이장렬 교수님의 책 『예수님의 고난과 부활에 대한 40일간의 묵상』을 기쁨으로 추천합니다. 이 교수님의 글에는 지적 성실함과 영적 깊이가 묻어납니다. 여러분의 지성과 영성에 큰 도움이 될 것입니다. 깊이 있는 성경 주해를 바탕으로 분명한 삶의 방향을 제시하는 글을 찾고 있다면, 바로 이 책입니다! 이 책을 통해 제시되는 새로운 삶의 도약을 기대하고 경험하십시오.

-권 호, 합동신학대학원대학교 설교학 교수

원어를 포함해 해박하고 깊이 있는 성경 지식, 따사롭고도 기름진 강렬한 영성, 진실된 그리스도인의 삶으로 녹여낸 『예수님의 고난과 부활에 대한 40일간의 묵상』 출간을 진심으로 축하 드립니다. 은혜롭고 생명력 있는 이 글들이 세속화에 침몰되어가는 한국교회의 목회자들과 성도들에게 여름 타작 마당의 얼음 냉수처럼 영혼의 생명수로 넘쳐흐르기를 기도합니다.

-이영환, 한밭제일교회 원로 목사

이장렬 교수님의 『예수님의 고난과 부활에 대한 40일간의 묵상』을 추천 할 수 있어서 영광입니다. 이 책은 그리스도의 고난과 부활의 의미를 신학적으로 설명하는 것보다는, 우리를 위해 죽으시고 부활하신 예수님을 삶 가운데서 경험할 수 있도록 인도해줍니다. 이 책을 읽으시는 모든 성도님이 그리스도의 고난과 부활을 묵상함으로 큰 은혜가 있기를 바랍니다.

-국명호, 여의도침례교회 담임목사

4차 산업혁명 시대를 맞아 성도들에게 더욱 필요한 복음의 진수인 예수님의 고난과 부활에 대한 40일 묵상 가이드가 출간되어 기쁘고 감사합니다. 이 책은 신약학자인 저자의 전문성을 담은 본문 석의에 그치지 않고, 깊은 해석을 우려내어 나온 현대인들을 위한 실천적 적용, 삶의 변화로 나아가기 위한 질문 및 기도단계까지를 쉽고 친절하게 안내해 주고 있습니다. 고난주간과 부활주일을 앞두고 40일 동안 깊이 있고 실제적으로 예수님의 고난에 참예함과 부활의 능력에 대해 묵상하고, 복음의 진정한 핵심을 다른 이들과 나누고자 하는 목회자, 신학생, 성도들께 기쁨으로 이 책을 추천합니다.

-박현신, 총신대학교 신학대학원 교수

이 책의 구성 및 활용방법

❖ 이 책의 구성

본서는 누가복음22-24장을 묵상하는 40일 여정의 길잡이입니다. 매일의 묵상내용은 다음과 같이 구성되어 있습니다.

- **오늘의 본문**: 당일에 묵상할 성경 본문을 읽기 쉬운 우리말성경 번역으로 제시합니다.
- **저자 해설 및 묵상**: 해당 성경 본문에 대한 저자의 해설 및 저자 자신의 묵상을 제시합니다.
- **묵상과 적용을 위한 질문**: 본문에 대한 이해, 묵상, 적용을 돕기 위해 저자가 준비한 질문입니다. 질문에 대한 답을 손수 기록할 공간도 함께 제시되었습니다.
- **나만의 묵상 메모**: 독자들이 당일 성경 본문을 묵상하면서 받은 은혜를 직접 기록하는 공간입니다.
- **기도와 결단**: 당일 묵상한 성경 본문에 근거하여 한 줄 기도를 제시하고, 독자들이 자신의 기도와 결단을 적을 수 있는 공간을 포함시켰습니다.

❖ 이 책의 활용방법 및 순서

독자들 그리고 소속하신 교회나 소그룹의 성격과 필요에 따라 이 책을 활용하는 방식이 달라질 수 있으리라 생각합니다. 그러므로, 이하에 제시된 활용순서를 '규칙'이라기보다는 하나의 좋은 예 정도로 이해해 주시면 감사드리겠습니다.

1. 가급적 아침 일찍 또는 하루 중 가장 잘 집중할 수 있는 시간에 조용한 장소를 찾아 말씀 묵상을 시작합니다. 말씀 묵상의 첫 단추는 기도입니다. 당신의 마음 눈을 열어 성경을 깨닫게 해 달라고 주님께 기도하시기 바랍니다(눅24:45).
2. 시작기도를 마친 후, 제시된 '오늘의 본문'을 2회 이상 천천히 기도하는 맘으로 읽습니다.

3. 본문을 읽은 후에, '저자 해설 및 묵상'을 정독합니다.
4. 저자 해설과 묵상을 정독한 후, '묵상과 적용을 위한 질문'에 대한 자신의 답을 손수 적어봅니다.
5. 그리고 나서, 다시 '오늘의 본문'을 1회 혹은 그 이상 기도하는 맘으로 읽습니다. 그 과정에서 말씀이 더욱 심령 깊이 뿌리를 내리게 될 것입니다.
6. 아직 중요한 단계들이 남았습니다. 먼저, '나만의 묵상 메모'란에 당일 성경묵상을 통해 받은 은혜와 감동의 기록을 남깁니다.
7. 그리고 '기도와 결단'란에 제시된 한 줄 기도로부터 시작하여, 당일 말씀묵상에 근거한 독자 자신의 기도와 결단을 손수 기록합니다.
8. 묵상한 말씀을 그날의 삶 가운데 적용하여 실천합니다. 묵상한 말씀을 기억하고 주님과 동행하는 가운데 비로소 말씀묵상이 완성됩니다.
9. 가정이나 교회 소그룹에서 이 책자를 사용해서 함께 묵상하시면 더욱 좋습니다. 정기적으로 말씀 묵상 나눔 시간을 가지시기 바랍니다. 적어도 일주일에 1회 묵상 나눔 시간을 가지면 좋겠습니다. 묵상 나눔 시간은 예를 들어 다음과 같이 진행할 수 있겠습니다.

   (1) 시작 기도
   (2) 찬송
   (3) 한 주간 묵상한 본문 낭독 혹은 교독
   (4) 묵상 나눔: 한 주간 말씀 묵상을 통해 가장 많이 은혜를 받은 부분 및 그 이유 그리고 삶 가운데서 묵상한 말씀을 어떻게 실천하고 있는지에 대해 돌아가면서 나누는 시간
   (5) 서로를 위해 기도하는 시간
   (6) 마침 기도/찬송

묵상 모임의 성격과 필요에 따라 위의 순서와 내용은 얼마든 조정과 변경이 가능하겠습니다.

Day 1 / 예수님의 연약함과 주(主)되심

오늘의 본문
눅22:1-13

1 유월절이라고도 하는 무교절이 다가왔습니다.
2 대제사장들과 율법학자들은 예수를 없앨 방법을 모색하고 있었습니다. 그들은 백성들을 두려워했기 때문입니다.
3 사탄이 그 열 둘 중 하나인 가룟이라는 유다에게 들어갔습니다.
4 유다는 대제사장들과 성전 경비대장들에게 가서 어떻게 예수를 그들에게 넘겨줄지를 의논했습니다.
5 그들은 기뻐하면서 유다에게 돈을 주기로 약속했습니다.
6 유다도 이에 동의하고 무리가 없을 때 예수를 그들에게 넘겨주려고 기회를 엿보고 있었습니다.
7 유월절 양을 희생제물로 잡는 무교절이 됐습니다.
8 예수께서는 베드로와 요한을 보내며 말씀하셨습니다. "가서 우리가 유월절 음식을 함께 먹을 수 있도록 준비하라."
9 그들이 물었습니다. "저희가 어디에서 준비하면 좋겠습니까?"
10 예수께서 대답하셨습니다. "성안으로 들어가면 물동이를 메고 가는 사람[1]을 만나게 될 것이다. 그가 들어가는 집으로 따라 들어가
11 그 집주인에게 '선생님께서 내 제자들과 함께 유월절 음식을 먹을 방이 어디냐고 물으셨습니다'라고 말하라.
12 그러면 그가 잘 정돈된 큰 다락방[2]을 보여 줄 것이다. 그곳에서 준비하라."
13 그들이 가서 보니 예수께서 말씀하신 그대로였습니다. 그래서 그들은 유월절 음식을 준비했습니다.

저자 해설 및 묵상

　누가복음22:1-6을 시작으로 22-23장에 걸쳐 기록된 예수님의 수난기사를 보면, 예수님이 1세기 유대교의 종교권력자와 자신을 배신한 한 제자의 공모에 의해 안타깝게 희생된 것으로만 오해할 수 있습니다. 그러나 오늘 본문은 예수님 자신이 역사를 주관하고 계시는 주(主)님 이심을 잘 보여줍니다. 유월절 식사를 준비하라는 예수님의 명(22:8)을 받은 베드로와 요한은 유월절 식사를 어느 곳에 준비해야 할지 예수님께 여쭙니다(9절). 유월절을 맞아 수많은 순례자들이 예루살렘을 방문하는 상황에서 유월절 식사 장소를 마련한다는 것은 쉬운 일이 아니었음을 생각할 때 베드로와 요한의 질문은 매우 자연스러운 것이었습니다. 그러나 그들의 질문에 대해 예수님은(이미 다 준비해 놓으셨다는 듯) 누구를 좇아가고 어떻게 말을 하고 어디서 유월절 준비해야 할지 등 세부사항을 즉각적으로 알려주셨습니다. 그리고 "그들이 가서 보니 예수께서 말씀하신 그대로였습니다" (13절 [19:32 함께 참조]).

　유월절 식사에 관한 이 모든 일들이 정확히 예수님이 말씀하신 그대로 이뤄진 사실은 십자가에 못 박혀 죽은 예수 그리스도께서 역사의 주관자이심을 암시합니다. 그는 단순히 종교 권력자들과 한 제자의 공모를 예상치 못하고 있다가 정치적으로 희생당한 예언자 정도가 아닙니다. 그는 모든 것을 주관하시는 주님이십니다. 예수님의 수난과 죽음은 결코 우연이 아닙니다. 삼위일체 하나님의 계획과 섭리 안에서 일어난 사건입니다.

　예수님의 제자들은 예수님을 따라 연약함의 자리로, 낮

저자 해설 및 묵상

은 자리로, 고난을 감내하는 자리로 인도하심을 받습니다. 그러나 예수님의 제자들은 그러한 자리 가운데서 예수님의 주되심을 기억해야 합니다. 그리스도와 복음을 위해서 어려움을 겪는 제자들은 결코 버림받은 존재가 아니라, 만유의 주재되시는 주님의 길을 좇아가고 있는 것입니다.

갑자기 체포되어 심문받고 참혹한 십자가에 달려 처형되는 예수님을 바라보며 적잖은 수의 유대인들은 그가 너무나 무력하다고 생각했을 것입니다. 그들은 하나님의 '연약함'이 인간의 강함보다 더 강력함을 알지 못했고, 하나님의 '미련함'이 인간의 지혜보다 더 지혜로움을 알지 못했습니다(고전1:25). 그러나 우리 예수님은 자신의 연약함(십자가의 대속적 고난과 죽음)을 통해 승리하셨고, 자신의 버려짐을 통해 세상을 구원하셨습니다.

우리 삶에서 때때로 예수님이 연약하신 것처럼 느껴질 때가 있습니다. 이 세상이 인간들이 원하는 그대로 돌아가는 것 같고, 맘몬의 힘이 모든 것을 지배하는 듯한 때가 있습니다. 그리스도인들마저 세상과 크게 다르지 않은 것 같이 느껴지는 가운데 주님은 정작 침묵하고 계시는 것 같을 때도 있습니다. 주님께서 사람들이 하자는 대로 그냥 끌려가시는 것처럼 느껴질 때가 있습니다.[3]

하지만 "예수 그리스도는 어제나 오늘이나 영원토록 한결같으신 분"(히13:8)이심을 잊지 말아야 합니다. 예수 그리스도는 주님이시고 역사의 주관자이십니다. 오늘 본문에서 보듯 그가 말씀한 일들은 그대로 역사의 한복판에서 성취됩니다(사55:11 참조). 주님이신 예수 그리스도는 자신의 연약함을 통해서 구원을 가져오셨습니다. 우리는 연약함과 고난의 자리에서 그리고 심지어 주님이 '연약하게' 느껴지는 그 순간에라도 그분의 말씀 따라 그대로 순종해야 합니다.

구원에는 역설적인 면이 있는데, 바로 예수님의 연약함(십자가의 대속적 고난과 죽음)이 우리 구원의 능력이 된다는 사실입니다. 그렇기에 예수님이 우리를 고난의 자리로 이끄실 때도 그저 주께서 이끄시는 대로 따라가면, 그리스도께서 우리의 연약함을 통해서 하나님의 능력을 이 세상 가운데 드러내실 것입니다(고후12:10).

> 저자 해설 및 묵상

---

1. 1세기 유대 사회에서 주로 여자들이 물을 길거나 들고 다녔기에 남자가 물동이를 지고 가는 모습이 눈에 쉽게 띄었을 것이고, 그래서 베드로와 요한이 '물동이를 메고 가는 사람(남자)을 따라가라'는 예수님의 지시를 그리 어렵지 않게 수행할 수 있었을 것이다.
2. 이런 "큰 다락방"이 있는 집이라면 1세기 유대 사회에서 경제적으로 여유가 있는 집이었을 것으로 봐야할 것이다.
3. 우리가 때로 이렇게 느끼는 이유 중 하나는 주님께서는 인간들을 강압하시는 분이 아니라 인간들이 자발적으로 선택할 수 있도록 존중하시는 분이시기 때문이라고 생각한다. (물론 주님은 여전히 역사의 주관자시다!) 우리가 그렇게 느끼는 또 다른 이유는 우리가 영적으로 눈이 어두워져서 주님의 일하심을 보지 못하거나 주님이 일하시는 방식을 깨닫지 못 하기 때문이라고 생각한다.

| 묵상과 적용을 위한 질문 1 | 당신의 삶에서 예수님이 연약하게 느껴질 때가 있었나요? 언제였습니까? 왜 그렇게 느꼈나요? |

| 묵상과 적용을 위한 질문 2 | 삶의 상황이 급변하는 가운데 어떻게 하면 예수 그리스도께서 우주의 통치자요 역사의 주인이심을 더욱 신뢰할 수 있을까요? |

나/만/의/묵/상/메/모

- 오늘 묵상을 통해 주시는 은혜와 감동에 대해 자유롭게 기록해 보세요.

저자와 함께 하는 한 줄 기도

기도와 결단

> 삶이 요동치는 가운데서도 주님께서 변함없이 역사의 주인이심을 신뢰하게 하소서.

- 오늘 묵상한 말씀의 적용과 삶의 결단을 담아 자신의 기도를 적어보세요.

Day 2 / 유월절과 그리스도의 십자가

오늘의 본문
눅22:1-6

1 유월절이라고도 하는 무교절[1]이 다가왔습니다.
2 대제사장들과 율법학자들은 예수를 없앨 방법을 모색하고 있었습니다. 그들은 백성들을 두려워했기 때문입니다.
3 사탄이 그 열 둘 중 하나인 가룟이라는 유다에게 들어갔습니다.
4 유다는 대제사장들과 성전 경비대장들에게 가서 어떻게 예수를 그들에게 넘겨줄지를 의논했습니다.
5 그들은 기뻐하면서 유다에게 돈을 주기로 약속했습니다.
6 유다도 이에 동의하고 무리가 없을 때 예수를 그들에게 넘겨주려고 기회를 엿보고 있었습니다.

저자 해설 및 묵상

누가는 유월절에 대한 언급으로 예수님의 수난 이야기(passion narrative)를 시작합니다. 이를 통해 누가는 예수님의 죽음을 구약의 유월절 사건과 연결합니다.[2] 누가는 본문 1절에서 유월절(출12:1-14, 21-28)과 무교절(12:15-20)을 동일시합니다. 유월절과 무교절은 그 기원에서부터 연속성을 갖습니다. 유월절은 유대인의 달력으로 첫 달인 니산(Nisan)월 14일째 되는 날 저녁에 지켜졌습니다. 하나님께서 그의 백성을 이집트의 종살이에서 구원하신 역사를 기억하고 감사하는 데 초점을 두었습니다. 무교절은 유월절에 바로 이어 일주일간 지켜졌는데, 유대인들은 무교절 주간에 누룩 없는 빵을 먹어야 했습니다. 예수님 당시에도 유대인들은 이 두 절기가 갖고 있는 불가분의 관계에 기반하여 이

둘을 하나의 절기로 보았습니다. 당시 순례자들은 예루살렘으로 와서 이 두 절기를 지키고 돌아갔습니다. 그러므로 1절에 있는 '유월절 이라고도 하는 무교절'이라는 누가의 표현은 당대 유대인들의 이해(고전5:6-8 참조)와 그 맥을 같이 합니다.

> 저자 해설 및 묵상

예수님의 수난과 죽음을 구약의 유월절(22:1)과 연결해 묵상하면, 예수님의 정체성과 그의 고난의 의미에 대한 매우 중요한 암시를 발견하게 됩니다. 첫째로, 저자 누가가 이스라엘의 위대한 구원의 사건을 기념하는 이 절기를 수난기사 서두에 언급했다는 사실(22:1; 22:7-13; 22:14-20)은 예수님이 그저 또 한 명의 예언자 정도가 아님을 암시합니다. 특히 예수님이 유월절을 기념하는 식사를 자신의 수난과 연계하여 해석하신 사실(22:14-20)은 예수님의 신성(divinity)에 대한 강력한 암시를 남깁니다. 하나님 외의 어떤 존재를 중심으로 이 특별한 식사(하나님이 이스라엘에게 베푸신 구원과 해방의 역사를 기념하는 식사)를 해석한다는 것은 경건한 유대인에게는 있을 수 없는 일이기 때문입니다. 누가는 하나님이 이스라엘에 베푸신 구원의 은혜를 기념하는 유월절에 비추어 예수님의 위대한 구원의 이야기를 기록합니다. 이를 통해 예수님이 그저 또 한 명의 예언자나 모범적 인간이 아니라, 인류의 유일한 구원자 되심을 강조합니다(행4:12).

둘째로, 예수님의 고난과 죽음을 유월절에 비추어 해석하는 것은 예수님의 죽음이 갖고 있는 구속적 성격을 잘 드러냅니다. 첫 유월절(출12장)에 어린 양의 피를 문지방과 문설

저자 해설 및 묵상

주에 바른 히브리인 가정은 맏아들의 죽음을 피할 수 있었습니다. 어린 양의 피가 심판의 면제, 즉 죄 사함을 뜻했던 것이지요. 우리가 예수님의 죽음을 유월절과 연결해 이해할 때, 그의 죽음은 죄 사함을 통한 심판의 면제를 의미합니다. 그런 뜻에서 예수님의 죽음은 구속적(salvific) 죽음입니다(눅22:19-20 참조).

셋째로, 예수님의 십자가를 유월절 사건과 연결해 이해할 때, 우리는 그의 죽음이 하나님의 백성에게 해방을 가져오는 죽음임을 봅니다. 첫 유월절 사건 후, 이스라엘 백성은 이집트 파라오의 압제에서 완전히 해방됩니다. 예수 그리스도의 죽음은 우리를 '세상-죄-마귀'의 연동적 압제로부터 자유롭게 합니다. 즉, '새 출애굽(New Exodus)'을 가져다 줍니다. 물론 이러한 해방의 완성은 예수 그리스도께서 다시 오실 때 완성됩니다. 그러나 그러한 해방의 역사는 이미 시작되어 완성을 향해 달려가는 현재진행형의 역사입니다.

위에서 살펴본 대로 예수님의 죽음을 출애굽기의 유월절 사건에 연결해 해석하는 것은, 예수님의 실체와 그의 죽음의 의미를 이해하는 데 매우 큰 도움을 줍니다. 가룟 유다와 종교권력자들은 예수님을 체포하는데 은밀히 합작했고(2,4절 참조), 그러한 합작의 배후에는 사단의 역사(3절 참조)가 도사리고 있었습니다. 그러나 권력자들의 시기, 측근의 배신, 사단의 도전 너머에 예수님의 죽음이 가져오는 구속의 역사가 있음에 주목해야 합니다. 새로운 출애굽을 이끄시는 하나님의 어린 양 예수 그리스도의 죽음은 죄 사함을 통한 심판의 면제를 뜻하며, '세상-죄-마귀'의 연동적 압제로부터의 자유와 해방을 의미합니다. 하나님은 자신을 대적하는 마귀와 인간들의 악의적인 반항에도 불구하고 자신의 목적을 성취하시고도 남을 능력이 있으신 분입니다! 할렐루야! 아멘!

> 저자 해설 및 묵상

1. 유월절에 대해서는 출12:13, 21-28을 보라. 무교절에 대해서는 출12:15-20을 보라. '유월절'은 히브리어 '페사흐'로 '건너뛰다, 뛰어넘다'라는 뜻을 가진 동사 '파사흐'와 같은 어원에서 유래하였다(출12:13, 23). 하나님께서 이스라엘을 출애굽 시키는 과정에서 애굽에 내린 마지막 재앙은 사람부터 짐승까지 처음 난 것을 치신 장자 심판의 재앙이었다(출12:29-30, 13:15). 이 때 이스라엘 백성에게 어린 양을 잡아 그 피를 문설주와 인방에 바르게 하심으로써, 죽음의 사자가 이스라엘 백성의 집을 넘어가게 하셨다. 유월절은 모든 이스라엘 백성이 죽음에서 구원받은 것을 기념하여 지키는 절기였다(출12:13-14, 21-23, 27), 무교절은 유월절이 끝난 직후 7일간 지키는 절기로(출12:18, 레23:5-8). 집안에 누룩을 없애고 누룩을 넣지 않는 떡(무교병)을 먹으며 지냈는데, 이는 이스라엘 백성들로 하여금 출애굽시의 상황을 실제로 경험해 보기 위함이다. 이 둘은 크게 하나의 절기로 이해되었다(눅22:1, 7 참조).
2. 누가가 가까이에서 섬겼던 사도 바울 역시 예수님이 '유월절 양'이라고 언급한다(고전5:7 참조).

묵상과 적용을 위한 질문 1

예수님의 십자가 죽음과 출애굽기의 유월절 사건을 연결해 이해할 때, 예수님의 정체성과 그의 죽음의 의미에 대해 무엇을 배우게 되는지 자신의 말로 표현해 보세요.

묵상과 적용을 위한 질문 2

어떻게 하면 유월절 어린양이신 예수 그리스도와 그의 죽음의 의미에 대해 (특정 절기나 주일에만 아니라) 매일 묵상하며 지낼 수 있을까요?

나/만/의/묵/상/메/모

- 오늘 묵상을 통해 주시는 은혜와 감동에 대해 자유롭게 기록해 보세요.

저자와 함께 하는 한 줄 기도

> 이번 40일 동안 유월절 어린양이신 예수 그리스도의 죽음에 대해 깊이 묵상케 하소서.

- 오늘 묵상한 말씀의 적용과 삶의 결단을 담아 자신의 기도를 적어보세요.

Day 3 / 측근 제자의 배신

오늘의 본문
눅22:1-6

1 유월절이라고도 하는 무교절이 다가왔습니다.
2 대제사장들과 율법학자들은 예수를 없앨 방법을 모색하고 있었습니다. 그들은 백성들을 두려워했기 때문입니다.[1]
3 사탄이 그 열 둘 중 하나인 가룟이라는 유다에게 들어갔습니다.[2]
4 유다는 대제사장들과 성전 경비대장들에게 가서 어떻게 예수를 그들에게 넘겨줄지를 의논했습니다.
5 그들은 기뻐하면서 유다에게 돈을 주기로 약속했습니다.
6 유다도 이에 동의하고 무리가 없을 때 예수를 그들에게 넘겨주려고 기회를 엿보고 있었습니다.[3]

저자 해설 및 묵상

"열둘"은 성경적으로 완전수를 의미합니다. 특히 예수님이 열두 명의 제자를 부르신 것(눅6:12-16 [행1:12-26 참조])은 열두 지파로 구성되었던 이스라엘의 영적 회복을 상징합니다. 그러나 그 열둘 중 하나이며 재정까지 관리했던 핵심 제자 가룟 유다는, 예수님을 배반하고 성전 권력자들에게 스승을 팔아 넘깁니다.

가룟유다는 돈(은 30)을 받고 스승인 예수를 팔았습니다. 사복음서 기자 중 구약의 예언 성취를 특별히 강조한 마태는 유다가 예수를 팔아 넘긴 그 액수(마26:15-16)까지 정확히 기록합니다. 그 이유는 유다의 배신이 단순히 역사적인 상황에 따른 우발적 사건이 아니라, 스가랴 선지자의 예언(슥11:12)대로 하나님의 구원 계획 가운데 이루어졌다는 것을 강조하기 위함입니다.

> 저자 해설 및 묵상

은 30이면 물론 적은 돈이 아니지만 그렇다고 엄청나게 큰 돈도 아니었습니다. 출애굽기21:32에 따르면, 은 30은 남종이나 여종의 몸값이었습니다. 당시 선풍적 인기를 일으키던 랍비의 몸값이라고 하기엔 너무나 적은 돈입니다. 아마도 유다가 예수님을 팔아 넘긴 것은 그저 돈 때문만은 아니라고 생각됩니다. 만일 그랬다면 더 큰 액수를 요구했겠지요. 유다는 예수님이 추구하는 하나님 나라 운동 방식에 실망했는지도 모릅니다. 나아가 예수의 방식이 틀렸다고 단정했는지도 모릅니다. 그는 더 공격적이고 민족주의적인 방식으로 이스라엘의 해방을 추구해야 한다고 생각했는지도 모르겠습니다. 그러나 그 이유가 어찌 되었든 한 가지 분명한 것은 유다가 예수님을 배반했다는 사실입니다. 3년간 매일 동행하며 제자 공동체 가운데서 재정을 맡아 관리했던 핵심 제자 유다가 예수님을 배반했습니다. 베드로처럼 생명의 위기를 느끼며 반사적으로 예수님과의 관계를 부인한 게 아니었습니다. 유다는 직접 성전 권력자들을 찾아가 예수님의 체포에 대해 주도면밀 하게 상의했고, 군중이 없는 외진 곳에서 예수님을 체포함으로 소요를 피해 가는 치밀한 작전을 공모합니다(6절). 입맞춤을 스승을 체포하는 수단으로 사용하기로 작정한 가룟 유다의 행동은 다분히 계획적이고 치밀한 준비가 있었음을 보여주는 증거입니다(22:47-48, 특히 마26:48 참조).

저자 해설 및 묵상

'명예와 수치'라는 문화적 코드가 매우 중요한 기능을 했던 1세기 유대사회에서 절친이자 스승인 예수를 배반한 가룟 유다는 수치스러운 존재로 이해되었을 것입니다.[4] 한국인 역시 1세기 유대인들과 당시 지중해연안에 살던 사람들처럼 '명예와 수치'라는 코드에 매우 익숙합니다(그 코드가 때로는 문제의 요인이 되는 경우도 있지만, 긍정적이고 건설적인 기능을 하는 경우도 많습니다). 오늘 본문을 대하면서, 우리 스스로가 예수 그리스도의 제자요 그분의 친구로 어떻게 살고 있는지를 점검했으면 합니다. 우리가 예수님의 제자로서 수치스러운 삶을 살고 있습니까? 아니면 명예스러운 삶을 살고 있습니까?

나아가, 가룟 유다의 배신은 외형적으로 핵심적인 위치에 있다고 하여 예수님과 바른 관계를 갖고 있다고 가정할 수 없음을 보여줍니다. 그래서 우리가 정말 예수님의 제자라는 신분에 걸맞게 살고 있는지를 진실하게 돌아보게 해 줍니다. 말로는 아니라고 하면서도 실상은 우리가 예수님의 길을 대적하는 일을 하는 것은 아닌지 겸허하게 자신을 돌아보아야 합니다. 예수님에 대한 우리의 '입맞춤'이 과연 진실된 것인지 스스로를 돌아보아야 합니다(눅22:48 비교). 멋들어진 종교적 외형을 숭상하지 말고, 예수님의 제자로서 하나님과 이웃 앞에서 영적 내실을 추구하는 삶이 되어야 합니다.

저자 해설 및 묵상

1. 대제사장과 율법 학자들이 백성을 두려워했다는 사실은 6절에서 왜 가룟 유다가 군중이 없는 때를 노려 예수를 넘겨주려고 했는지에 대한 이유를 제공한다.

2. 여기서 사단이 가룟 유다에게 들어간 결과는 거품을 물고 쓰러진다든지 혹은 귀신들린 자의 모습을 쉽게 알아볼 수 있게 드러내는 것이 아니었다. 교인들을 포함한 많은 한국인이 '사단의 역사'라고 하면 거품 물고 쓰러지는 것이나 이상한 목소리를 내는 귀신들린 자의 모습을 떠올리지만 그에 비해 가룟 유다는 상당히 침착하고 너무나 주도면밀해 보인다. 특히 유다가 예수님이 당시 갖고 있던 인기를 감안하여 군중들이 없는 시점을 노려 예수님을 성전권력자들에게 넘기려는 치밀한 계획을 세우는 장면(6절)은 그가 사람의 기준으로 볼 때 '멀쩡하게' '아주 잘' 사고할 수 있었음을 보여준다. 우리는 예수 그리스도를 배반하고 대적하는 일을 하는 것이 사단의 역사임을 기억해야 한다. 겉으로 멀쩡해 보이고 똑바로 서서 침착하게 말하고 주도면밀 하게 일을 진행하는 것처럼 보여도 실은 무섭고 희귀한 목소리를 내고 거품 물고 쓰러지는 것 이상으로 강력한 사단의 역사일 수도 있다.

3. 눅22:21-23도 함께 참조하라.

4. 요한복음13:26에 보면, 예수님과의 마지막 만찬에서 영예의 자리를 차지한 두 제자 중 하나가 바로 가룟 유다였다. 다른 하나는 주께서 사랑하시는 제자(요한)였다. 눅22:21이하도 이를 지지한다. 예수님과 같은 테이블을 사용하면서 식사하는 자, 즉 예수님 바로 옆에 앉아 식사하는 자가 바로 가룟 유다였기 때문이다. 유다의 뒤늦은 후회와 최후에 대한 기록은 마27:3-10 및 행1:18-19을 보라.

묵상과 적용을 위한 질문 1

교회나 기독교 단체에서 근사한 종교적 외형을 갖고 있던 개인의 영적, 도덕적 타락과 실패가 밝혀지면서 충격을 받았던 적이 있나요? 그 일이 왜 충격적이었나요?

묵상과 적용을 위한 질문 2

자신을 영적, 도덕적 타락과 실패로부터 보호하는 실제적인 예방장치를 갖고 있습니까? 만약 있다면 그것은 무엇입니까?

나/만/의/묵/상/메/모

- 오늘 묵상을 통해 주시는 은혜와 감동에 대해 자유롭게 기록해 보세요.

저자와 함께 하는 한 줄 기도

기도와
결단

> 예수님의 충성된 제자로 남도록 그리고 영적, 도덕적 타락에 빠지지 않도록 도와주소서.

- 오늘 묵상한 말씀의 적용과 삶의 결단을 담아 자신의 기도를 적어보세요.

Day 4 — 새 가족(New Family)

오늘의 본문
눅22:8-13

8 예수께서는 베드로와 요한을 보내며 말씀하셨습니다. "가서 우리가 유월절 음식을 함께 먹을 수 있도록 준비하라."
9 그들이 물었습니다. "저희가 어디에서 준비하면 좋겠습니까?"
10 예수께서 대답하셨습니다. "성안으로 들어가면 물동이를 메고 가는 사람을 만나게 될 것이다. 그가 들어가는 집으로 따라 들어가
11 그 집주인에게 '선생님께서 내 제자들과 함께 유월절 음식을 먹을 방이 어디냐고 물으셨습니다'라고 말하라.
12 그러면 그가 잘 정돈된 큰 다락방을 보여줄 것이다. 그곳에서 준비하라."
13 그들이 가서 보니 예수께서 말씀하신 그대로였습니다. 그래서 그들은 유월절 음식을 준비했습니다.

저자 해설 및 묵상

　1세기 당시 유대 사회에서 유대인은 자기 가족과 함께 유월절 식사를 했습니다. 그리고 가장이 그 식사를 주관했습니다. 그런데 예수님은 제자들과 함께 유월절 식사를 나누셨습니다(22:8 참조). 예수님은 당신에게 다가오는 엄청난 고난을 다 아시면서도 제자들과의 유월절 식사를 친히 주관하셔서 준비하게 하셨습니다. 왜 예수님께서는 이 급박한 상황에서도 제자들과의 유월절 식사에 그렇게 신경을 쓰셨을까요? 이어지는 15절의 말씀에서 예수님은 "내가 고난 받기 전에 너희와 함께 유월절 음식 먹기를 간절히 원했다."라

고 말씀하심으로 이 유월절 식사를 얼마나 특별하게 생각하셨는지를 드러내셨습니다. 모든 유대인이 유월절에 온 가족이 식사를 함께하며, 하나님께서 그 민족에게 행하신 놀라운 구원을 감사하듯, 예수님은 이 식사를 통해 자신의 죽음을 통해 이 땅에 세워질 새로운 가족공동체의 시작을 알리십니다.

> 저자 해설 및 묵상

예수님은 제자들과의 마지막 유월절 식사를 통해, 이 땅에 예수 그리스도를 믿음으로 말미암아 구원받고 하나님을 같은 아버지로 섬기는 새로운 영적 가족의 형성을 미리 선포하셨습니다(8:21; 11:28). 그리고 그 위대한 목적을 위해 십자가에 달려 죽으시고 부활하심으로 그를 믿고 따르는 제자들로 구성된 새로운 하나님의 가족 공동체를 완성하셨습니다. 그 새로운 가정에서 예수님은 머리시며, 지금도 자신의 영에 순종하는 제자들을 통해 새 가족을 형성, 확장하는 그 의미 있는 일을 계속 이루어 가십니다(마28:16-20; 행1:8 참조).[1] 예수님께서 승천하신 후 성령의 강림으로 시작된 초대교회는 사랑의 식탁의 교제를 나눔으로(행2:42, 46 참조) 그들이 예수 안에서 한 아버지를 섬기는 한 가족 공동체임을 확인했습니다.

성경적인 형제, 자매됨은 하나님의 가족에 입양된 성도들이 그리스도 안에서 더불어 하나가 되었음을 뜻합니다(이어지는 구절에 나오는 '주의 만찬'은 예수님의 제자들이 이제 영적으로 한솥밥 먹는 한 식구 되었음을 뜻합니다!). 그런데 우리는 과연 동료 크리스천을 진심으로 가족으로 생각하고 있습니까? 아니면, 별 뜻 없이 '형제', '자매'라는 단

저자 해설 및 묵상

어를 남발하고 있습니까? 우리가 동료 크리스천들을 어떻게 대하고 있는지 돌아보아야 합니다.

가족들끼리 하는 유월절 식사를 예수님께서 제자들과 함께하신 일은 우리가 동료 크리스천들을 어떻게 바라보고 대해야 할지에 대한 진한 여운을 남깁니다. 우리가 하나님 아버지를 한 아버지로 부르고 섬기며, 예수 그리스도의 보배로운 핏값으로 한 몸 된 지체들을 진정한 가족으로 인정하는 순간 새로운 부흥의 불씨는 이미 지펴진 것입니다.

예수님은 이 영적 공동체와 지체들을 향하여 "보아라, 내 어머니와 내 형제자매들이다. 누구든지 하나님의 뜻을 행하는 사람이 곧 내 형제요 자매요 어머니다"(막3:34, 35)라고 말씀하셨습니다. 사도 바울도 에베소교회에 보내는 편지 가운데 "이제 여러분은 더 이상 낯선 사람들이거나 나그네들이 아니라 성도들과 동등한 시민이요, 하나님의 가족입니다"(엡2:19)라고 선포함으로 과거 적대관계 가운데 있었던 유대인들과 이방인들이 그리스도 안에서 한 가족이 되었음을 선포합니다. 그리스도께서 엄청난 고난과 죽음의 대가를 통해서 믿음으로 하나된 가족으로 묶어 주셨음을 우리는 매 순간 기억하고 맘 속에 간직해야 합니다.

---

1. 예수님이 가장(머리)된 새로운 가정은 기존의 가정 제도를 폐하는 것이 아니라 회복, 확장시킨다. 주님은 그리스도인의 가정을 그리스도를 경외하고 피차 사랑하고 존중하는 가정으로 만들어가신다(엡5:21-6:9 참조).

저자 해설 및 묵상

십자가를 지신 예수님처럼 살고 계십니까?

 목숨 다해 십자가에서 죽기까지 하나님 아버지를 사랑하신 예수님의 제자를 자처하는 우리들, 그런 우리들의 하나님 사랑은 지금 어디에 머물러 있나요? 예수와 동행한다 자부하는 우리의 이웃 사랑의 현주소는 어디에 있습니까? 혹시 하나님을 경외하는 것 같고 이웃을 사랑하는 척하지만, 손해 보지 않을 정도까지 만하다가 혹시 조금이라도 손해 볼 성싶은 일이 생길 때면, 재빨리 차갑게 뒤돌아서는 것이 우리의 자화상은 아닌가요? 갈수록 개인주의화, 이기주의화 되어 가는 현대사회 속에서, 우리 마음과 삶 가운데 주님을 섬기고 이웃을 위해 희생한다는 개념이 솔직히 얼마만큼 남아있습니까? 인간관계에서, 재정적인 문제에서, 혹은 시간적으로 조금이라도 희생하고 손해 보는 일은 결코 용납하지 못 하는 게 혹시 우리의 민낯은 아닙니까? 만일 바쁘다는 이유로 우리 주변의 이들에게 시간을 내어주지 않고, 경제적으로 빡빡하다는 이유로 이웃들에게 베풀지 못하고, 능력 있고 영향력 있는 사람들과의 네트워킹이 우리 자신의 '성공'에 크나큰 보탬이 된다는 이유로 이웃을 섬기는 일은 등한시한 채 무언가 '괜찮은' 사람을 사귀어 득을 보려는 맘으로 인간관계를 형성해 가고 있다면, 우리가 진정 십자가를 지신 예수님을 좇고 있다고 말할 수 있을까요?

묵상과 적용을 위한 질문 1
당신은 동료 크리스천들을 가족으로 대하고 있습니까? 어떤 부분에서 그렇고 또 어떤 부분에서 그렇지 않습니까?

_____

_____

묵상과 적용을 위한 질문 2
만일 동료 크리스천들을 진심으로 가족으로 생각할 때 오늘 내가 속한 곳에서 새롭게 할 수 있는 일은 무엇입니까? 그것을 구체적으로 어떻게 시작하시겠습니까?

_____

_____

나/만/의/묵/상/메/모

- 오늘 묵상을 통해 주시는 은혜와 감동에 대해 자유롭게 기록해 보세요.

저자와 함께 하는 한 줄 기도

기도와 결단

> 주님, 동료 크리스천들을 진정한 가족으로 볼 수 있도록 영적 눈을 열어 주소서.

- 오늘 묵상한 말씀의 적용과 삶의 결단을 담아 자신의 기도를 적어보세요.

Day 5

주의 만찬이 주는 교훈 (1)
그리스도의 십자가에 주목하기

오늘의 본문
눅22:14-20

14 시간이 되자 예수께서는 사도들과 함께 상에 기대어 앉으셨습니다.
15 그러고는 그들에게 말씀하셨습니다. "내가 고난 받기 전에 너희와 함께 유월절 음식 먹기를 간절히 원했다.
16 내가 너희에게 말한다. 유월절이 하나님 나라에서 온전히 이루어질 때까지 내가 다시는 그것을 먹지 않을 것이다."
17 그리고 예수께서는 잔을 들고 감사 기도를 드린 후 말씀하셨습니다. "이 잔을 받아 너희가 서로 나눠 마시라.
18 하나님 나라가 올 때까지 내가 포도 열매에서 난 것을 마시지 않을 것이다."
19 그리고 예수께서 빵을 들고 감사 기도를 드린 후 떼어 제자들에게 주면서 말씀하셨습니다. "이것은 내가 너희를 위해 주는 내 몸이다. 이것을 행해 나를 기념하라."
20 빵을 잡수신 후 예수께서 마찬가지로 잔을 들고 말씀하셨습니다. "이 잔은 너희를 위해 흘리는 내 피로 세우는 새 언약이다."

저자 해설 및 묵상

　오늘부터 7일에 걸쳐 '주의 만찬' 본문(눅22:14-20)을 묵상합니다. 이 구절은 예수님께서 십자가 고난을 앞에 두시고 제자들과 함께 나누신 아주 특별한 유월절 식사에 관해 이야기합니다. 주님께서는 이후로 하나님 나라가 완성될 미래의 그 시점까지 유월절 식사를 더는 드시지 않겠다고 거듭 강조하십니다. 십자가를 지시기 전, 예수님은 제자들과 함께 아주 특별한 유월절 식사를 하십니다. 하나님 나

> 저자 해설 및 묵상

라의 종말론적 완성을 상징하는 메시아의 잔치(Messianic banquet [이사야25:6 참조])가 도래하기 앞서 지금 이 식사가 주님의 마지막 유월절 식사가 될 것임을 거듭 강조하십니다(눅22:16,18). 이 식사는 하나님 나라의 완성을 앙망하고 고대하는 식사입니다. 이 특별한 유월절 식사의 절정에서 예수님은 자신의 몸을 누룩 없는 빵에, 자신의 피를 포도주에 빗대어 말씀하십니다. 그리고 제자들이 주의 만찬을 시행함으로써 자신이 십자가에서 이루실 일을 기억하도록 명령하십니다. 이 특별한 식사에서 마시는 포도주는 예수님의 보혈을 통해 체결될 새 언약을 상징합니다. 예수님이 십자가에 달려 죽으시는 장면은 누가복음23:26-49에 기록되어 있지만, 그의 죽음의 의미는 주의 만찬 본문(누가복음22:14-20)에서 더욱 직접적으로 설명됩니다. 그러므로 주의 만찬 구절에 대한 이해는 예수님의 죽으심에 대한 이해를 돕는 귀중한 역할을 합니다.

　오늘 읽은 주의 만찬 본문의 핵심은 대속적 죽음으로 새 언약을 이루시는 예수님 자신이십니다(눅22:20). 출애굽기 24:4-8이 잘 보여주듯 옛 언약을 체결하는 데는 희생제물의 피가 필요했습니다.

　옛 언약을 체결할 때 정결한 짐승의 피가 필요했지만, 새 언약을 체결하는 데는 흠 없고 죄 없는 예수 그리스도의 보혈이 필요합니다. 오직 예수님의 죽음만이 새 언약을 가능케 합니다(히9:15; 12:24). 오직 그리스도의 희생 제사만이 구원의 새로운 시대를 열 수 있습니다.

　이 특별한 유월절 식사의 중심은 바로 예수 그리스도이십

> **저자 해설 및 묵상**

니다. 예수님은 이스라엘 건국의 시초가 된 사건, 즉 유월절(출12장)의 의미를 자기 자신을 중심으로 해석하십니다. 예수님이 제정하는 새 유월절은 바로 예수님 자신의 희생에 근거하고 있습니다. 주의 만찬의 중심에는 바로 십자가에서 우리 죄를 대신 지신 예수님이 계십니다. 로마의 처형 틀에서 우리 대신 몸이 상하시고 살이 찢기셨으며, 피를 쏟으신 예수님이 주의 만찬의 중심이십니다.

예수님께서 주의 만찬의 의미와 그의 임박한 죽음의 의미를 설명하시는 누가복음22:19-20에서, "너희를 위해"라는 표현이 반복해서 등장합니다. "너희를 위해"라는 표현이 반복, 강조된 것은 구약성경 이사야53장을 연상시킵니다. 구약성경에 친숙한 사람들이 이해할 수 있는 연상기법을 통해, 예수님은 자신을 이사야53장의 '고난 받는 종'(11절)과 동일시하십니다.

누가복음22:19-20에서 예수님은 '너희를 위해'라는 극도로 의미심장한 표현을 반복, 강조하심으로써, 임박한 자신의 십자가 죽음이 결코 실패를 상징하는 것이 아님을 분명히 해 주십니다. 로마의 처형틀에 달려 맞이하게 될 예수님의 수치스럽고 저주스럽고도 참혹한 죽음이 사실은 죄악된 인류를 대신하는 죽음, 즉 그들의 죄를 대속하는 희생 제사임을 제자들에게 말씀하십니다.

예수님의 죽음은 하나님의 백성에게 다양한 형태의 속박으로부터 자유와 해방을 가져다주는 사건이며 놀라운 변혁을 불러오는 사건입니다. 그러한 자유와 해방, 변혁은 인간 스스로의 노력으로 성취될 수 있는 게 아닙니다. 인류 역사

> 저자 해설 및 묵상

는 그런 인위적 노력이 결국 실패로 끝났음을 생생하게 보여줍니다. 진정한 자유와 해방, 변혁은 십자가에 달려서 피 흘리시고 우리 죄를 대속하신 예수 그리스도로부터 비롯됩니다. 우리 자신의 죄악과 무능함을 겸허하게 인정하고, 다른 어떤 것이 아니라 오직 그리스도의 십자가만을 의지하는 데서 자유와 해방, 변혁은 비롯됩니다. 우리 자신의 힘과 노력으로 만들어내고자 하는 인위적 자유, 해방 그리고 인공적인 변혁은 또 하나의 율법주의와 엘리트주의만을 양산할 것입니다.

누가가 섬세하게 들려주는 눅22:14-20의 주의 만찬 본문을 접하면서, 우리는 주의 만찬의 본질과 핵심이 바로 십자가에서 우리 죄를 대속하신 주 예수 그리스도이심을 결코 잊지 말아야 합니다(고전2:2; 갈6:14 참조). 오늘 본문은 예수님께서 주의 만찬을 제정하신 인상적인 장면을 묘사하고 있습니다. 이렇게 인상적이고 풍요한 본문을 대하면서 여러 세부사항에 시선이 쏠린 나머지 이 본문이 말하는 본질이요 핵심이신 대속의 주 예수 그리스도를 놓쳐선 안 되겠습니다. 우리는 이번 40일의 시간 동안, 그리고 나아가 이 땅에서의 남은 삶 동안, 우리 죄를 대신 담당하신 예수님을 붙잡고 의지하는 데서 조금도 이탈해서는 안 되겠습니다. 십자가에 달리신 주 예수 그리스도께서 주의 만찬의 핵심이십니다. 그리고 우리 죄를 대신 지신 예수님이 이번 40일 여정의 본질이십니다.

| 묵상과 적용을 위한 질문 1 | 십자가에 달리신 예수 그리스도가 진정 당신의 믿음과 삶의 중심인가요? 어떤 뜻에서 그렇고 또 어떤 뜻에서 그렇지 않습니까? |

| 묵상과 적용을 위한 질문 2 | 우리가 말로는 예수 그리스도의 십자가만 의지한다고 하면서도 쉽게 다른 것들을 더 의지하고 그리스도의 대속의 은혜에 대해서는 금세 시큰둥해지는 이유는 무엇일까요? |

나/만/의/묵/상/메/모

- 오늘 묵상을 통해 주시는 은혜와 감동에 대해 자유롭게 기록해 보세요.

저자와 함께 하는 한 줄 기도

기도와 결단

> 주님! 십자가에 달리신 예수 그리스도가 우리의 삶과 가정과 교회의 중심이 되게 하소서!

- 오늘 묵상한 말씀의 적용과 삶의 결단을 담아 자신의 기도를 적어보세요.

주의 만찬이 주는 교훈(2)
의식적으로 기억하기

오늘의 본문
눅22:19-20

19 그리고 예수께서 빵을 들고 감사 기도를 드린 후 떼어 제자들에게 주면서 말씀하셨습니다. "이것은 내가 너희를 위해 주는 내 몸이다. 이것을 행해 나를 기념하라."
20 빵을 잡수신 후 예수께서 마찬가지로 잔을 들고 말씀하셨습니다. "이 잔은 너희를 위해 흘리는 내 피로 세우는 새 언약이다."

저자 해설 및 묵상

오늘 나눌 묵상은 어제의 묵상에서 부분적으로 언급 또는 암시된 '기억하기'에 관한 것입니다. 어제는 이것을 간접적으로 다루었다면 오늘은 '기억하기'에 더욱 집중했으면 좋겠습니다. 성경은 율법주의적이며 자기공로 중심적인, 바리새파적 노력을 정죄하지만, 그렇다고 노력하는 것이 의미 없다고 말하지는 않습니다.

"너희가 아직도 깨닫지 못하느냐? 빵 다섯 개로 5,000명을 먹이고 몇 바구니나 모았는지 기억나지 않느냐?"(마16:9)

"너희가 눈이 있어도 보지 못하고 귀가 있어도 듣지 못하느냐? 기억하지 못하느냐?"(막8:18)

"롯의 아내를 기억해 보라!"(눅17:32)

"내가 너희에게 '종이 주인보다 더 높지 않다'고 한 말을 기억하라. 사람들이 나를 핍박했으니 너희도 핍박할 것이요, 사람들이 내 말을 지켰으니 너희 말도 지킬 것이다."(요15:20)

"그러므로 너는 어떻게 받고 들었는지 기억해 순종하고 회개하여라. 만일 네가 깨어 있지 않으면 내가 도둑같이 올

것이니 내가 어느 때 네게 올지 네가 결코 알지 못할 것이다."(계3:3)

주님께서는 기억하는 것의 중요성을 위의 말씀들과 같이 강조하셨습니다. 그런데 무엇을 혹은 누구를 기억한다는 것은 지속적이고 의식적인 노력을 전제합니다. 주님께서는 중요하고 본질적인 것들을 기억하는데 있어 지속적이고 의식적인 노력을 기울이라고 말씀하신 것입니다.

신약 서신서 저자들 역시 그리스도인들에게 '기억하라'고 강조합니다. 서신서 저자들은 "너희가 이제 성령을 모셨으니 그냥 아무 생각하지 말고 노력도 하지 말고 그냥 지내면 된다"고 말하지 않습니다. 도리어 그리스도의 영의 내주를 경험하고 있는 공동체들이 중요하고 본질적인 것들을 기억하도록 매우 분명한 도전과 격려를 제시합니다. 그 중 일부 예를 들어 보겠습니다.

"그러므로 기억해 보십시오. 여러분은 육신적으로는 이방 사람들이었고 육체에 행한 할례를 받은 사람이라고 불리는 사람들에게 할례를 받지 않은 사람으로 불리는 사람들이었습니다."(엡2:11)

"내가 복음을 통해 전한 바와 같이 다윗의 자손으로 나시고 죽은 사람 가운데서 살아나신 예수 그리스도를 기억하여라."(딤후2:8)

"여러분은 빛을 받은 후에 고난 가운데 큰 싸움을 이겨 낸 지난날들을 기억하십시오."(히10:32)

위에서 간략하게 살펴본 대로, 신약성경 곳곳에서 '기억하는 것'의 중요성을 강조합니다. 그런데 예수님께서 주의

> 저자 해설 및 묵상

저자 해설 및 묵상

만찬을 제정하시면서도 "이것을 행해 나를 기념(기억)하라 (19절)"고 말씀하십니다. 이스라엘의 탄생을 축하하는 유월절을 예수님 자신을 중심으로 해석했다는 사실은 앞서 언급했던 대로 예수 그리스도의 신성(divinity)에 대한 매우 의미심장한 암시를 담고 있습니다. 그리스도의 신성에 대한 암시에 귀를 기울이는 동시에, 우리는 "이것을 행해 나를 기념(기억)하라"는 주님의 명령에 주목해야 합니다. 많은 경우에 기념 혹은 기억하는 일은 의식적이고도 지속적인(conscious and continual) 노력을 전제하지만, 특히 눅 22:19에서 "기념(기억)하라"는 단어는 헬라어 현재형 동사 ποιεῖτε(포이에이테)로 우리 말로 번역하면 지속적으로 기억하라는 뜻입니다. 예수님께서는 주의 만찬을 한 번 행하거나 비정기적으로 이따금 시행하는 것이 아니라, 정기적이고 지속적으로 행하라 명하셨습니다. 그렇게 함으로써, 우리가 의식적이고 지속적으로 십자가에서 주님께서 이루신 일을 기억하기 원하셨습니다.

주님께서는 우리의 영적 기억상실증이 얼마나 쉽게 재발하는지, 그리고 우리가 얼마나 빨리 주의산만 해지는지를 잘 알고 계십니다. 그렇기에 '지속적으로 기억하라'고 명하셨습니다. 정신 없이 바쁘다는 것을 은근히 남에게 자랑하며, 그것이 마치 성공의 척도인양 심하게 착각하고 있는 우리에게, 실로 "이것을 행해 나를 기념(기억)하라"는 주님의 말씀은 참으로 절실하고 요긴합니다.

사도 바울 역시 고린도 교인들에게 보낸 편지에서 주의 만찬이 하나님 나라의 종말론적 완성, 즉 예수 그리스도의 재림 때까지 지속되어야 함을 언급합니다(고전 11:26). 문제는 우리의 주의가 너무나 쉽게 산만해진다는 사실입니다. 이러한 우리에게 정기적 주의 만찬 시행은 예수님께서 십자가에서 우리를 위해 행하신 일을 기억하고 집중하도록 돕는 귀한 은혜의 방편입니다.

그리스도의 교회는 주의 만찬을 정기적으로 행하고 또 그 의미를 깊이 되새겨야 합니다. 주의 만찬의 지속적인 시행은 예수 그리스도께서 친히 명하신 바입니다. 주의 만찬은 우리들로 하여금 '나의 나 된 것이 하나님의 은혜'임을 기억케 해주며, 우리 삶이 예수 그리스도 그분께 집중하도록 도와줍니다.

우리는 그리스도의 죽으심을 지속적으로 묵상하고 우리 대신 십자가를 지신 주님을 기억해야 합니다. 그분이 우리 삶의 뿌리이시고 우리 존재의 근거시며, 우리 신뢰의 대상이고, 우리의 유일한 소망임을 의식적으로 그리고 지속적으로 기억해야 합니다. 우리들이 너무나 쉽게 각자 처한 상황이나 시급한 필요들에 관심을 빼앗겨 예수 그리스도와 그가 십자가에서 이루신 일에 집중하지 못 하기에 '기억하는 일'이 중요합니다. 사실 우리의 '시급한 문제'보다 더 시급한 것이 그리스도께서 십자가에서 우리 대신 이루어 주신 그 일을 지속적으로 기억하는 것입니다.

우리는 기억하는 사람들이 되어야 합니다. 영적 주의 결핍증과 영적 기억상실증에 맞서 싸워야 합니다. 매일 예수님께 주목하고 순간마다 주님이 우리 대신 십자가에서 흘리신 보혈을 기억해야 합니다. "이것을 행해 나를 기념(기억)하라!" 이것은 주님의 명령입니다!

> 저자 해설 및 묵상

| 묵상과 적용을 위한 질문 1 | 신앙생활에서 '기억하는 것'이 중요한 이유는 무엇입니까? 신앙생활에서 꼭 기억해야 할 것들은 무엇입니까? |

| 묵상과 적용을 위한 질문 2 | '그리스도께서 십자가에서 행하신 일을 지속적으로 기억하는 것'이 일상에서 실제적으로 어떻게 표현 될수 있을까요? |

나/만/의/묵/상/메/모

- 오늘 묵상을 통해 주시는 은혜와 감동에 대해 자유롭게 기록해 보세요.

저자와 함께 하는 한 줄 기도

기도와 결단

> 그리스도께서 십자가에서 날 위해 이루신 그 일을 지속적으로 기억하게 하소서.

- 오늘 묵상한 말씀의 적용과 삶의 결단을 담아 자신의 기도를 적어보세요.

Day 7 / 주의 만찬이 주는 교훈(3)
하나님께 감사하기

오늘의 본문
눅22:17-20

17 그리고 예수께서는 잔을 들고 감사 기도를 드린 후 말씀하셨습니다. "이 잔을 받아 너희가 서로 나눠 마시라.
18 하나님 나라가 올 때까지 내가 포도 열매에서 난 것을 마시지 않을 것이다."
19 그리고 예수께서 빵을 들고 감사 기도를 드린 후 떼어 제자들에게 주면서 말씀하셨습니다. "이것은 내가 너희를 위해 주는 내 몸이다. 이것을 행해 나를 기념하라."
20 빵을 잡수신 후 예수께서 마찬가지로 잔을 들고 말씀하셨습니다. "이 잔은 너희를 위해 흘리는 내 피로 세우는 새 언약이다."

저자 해설 및 묵상

　예수 그리스도께서 친히 제정하신 주의 만찬의 특징 중 하나는 '감사'입니다. 누가복음22:17에 기록된 대로, 예수님은 "잔을 들고 감사 기도를" 드리셨습니다. 19절은 예수님이 빵을 들고 다시 "감사를 드린 후 떼어 제자들에게" 주셨다고 기록하고 있습니다. 아울러 20절에 언급된 "마찬가지로"라는 표현은 앞서 예수님께서 "빵을 들고 감사 기도를 드린 후 떼어 제자들에게" 주셨던 것처럼(19절), 잔에 대해서 역시 하나님께 감사 기도를 올리셨음을 뜻합니다.
　당시 유대인들은 식사하기 앞서, 가장이 음식을 앞에 두고 짧은 찬양의 기도를 드렸고 또 특별히 유월절 식사에서는 가장이 포도주와 빵에 관한 축복의 선언을 했습니다. 출애굽을 가능케 한 유월절을 축하하는 식사 자리인 동시에

> 저자 해설 및 묵상

구원의 역사에 있어 가장 중차대한 이 시점에서 예수님은 유대인들이 오랫동안 실행해 온 감사의 기도를 계승하시고, 업그레이드시키십니다. 특별히 자신의 임박한 죽음의 비추어 그렇게 하십니다.

누가가 이 특별한 유월절 식사의 모든 세부사항을 다 기록하지 않은 점을 고려할 때,[1] 그가 상대적으로 짧은 이 구절 내에서 예수님이 거듭 감사의 기도를 드리셨음(22:17, 19, 20)에 주목한 데는 이를 강조하려는 뜻이 담겨 있다고 보아야 합니다.[2] 전통적인 유대인의 유월절 식사는 포도주 잔을 네 번 취합니다. 숫양(혹은 숫염소) 새끼를 요리하여 가족과 함께 먹는 식사 전 두 잔, 그리고 식후에 두 잔입니다. 그런데 눅22:14-20에는 두 개의 잔만이 언급됩니다.

또한 누가는 19절과 20절 사이에 예수님과 제자들이 저녁 식사를 하는 동안, 서로 어떤 이야기를 나누었는지에 대해 일절 언급하지 않고 있습니다. 누가는 그렇게 적잖은 부분을 생략 하면서도 예수님이 이 특별한 유월절 식사 시간에 감사기도를 드리셨음을 언급하고 있습니다. 더욱이 누가는 예수님이 감사 기도를 반복하여 드리셨음(17, 19절 그리고 20절의 "마찬가지로")에 주목하면서 이를 강조하고 있습니다.

누가가 주목하고 강조한 대로, 예수님은 십자가의 죽음을 앞두시고 자신의 죽음을 통해 하나님께서 이루실 새 유월절의 역사(19-20절[고전 5:7 참조])로 인해 감사드렸습니다. 우리는 주의 만찬을 대할 때, 그리고 나아가 주님의 죽으심에 대해 묵상할 때, 예수님이 친히 예시하신 감사의 정신을

> **저자 해설 및 묵상**

결코 잃지 말아야 합니다. 우리 대신 찢기신 주의 몸과 우리 대신 흘리신 주의 보혈을 기억하며, 그리스도의 대속의 은혜에 감격해야 합니다. 우리를 위해 그의 친아들을 아낌없이 내어 주신 하나님 아버지의 사랑에 감사해야 합니다. 그리스도께서 십자가에서 이미 이루신 일에 근거하여 '새 가족'을 확장해 가시고 빚어 가시는 성령의 역사로 인해 가슴이 뛰어야 합니다.

오늘 우리는 주의 만찬이 '감사의 자리'라는 사실을 잊지 말아야 합니다. 주의 만찬은 하나님께서 그의 아들을 통하여 이루신 놀라운 일에 대해 감사하고 감격하는 자리입니다. 그런데 이러한 감사와 감격은 주의 만찬 예식에만 제한되어서는 안 되며, 우리 삶 전반으로 확산되어야 합니다. 사도 바울은 '모든 일에 감사하십시오'라는 유명한 권면의 말을 데살로니가 성도들에게 썼습니다(살전5:18). 그러나 바울이 범사에 감사하라고 말할 수 있던 이유는 바로 십자가에서 대속의 역사를 이루신 예수 그리스도 때문이었습니다(고전2:2; 갈6:14 참조). 실제로 데살로니가전서에서 바울은 '범사에 감사하라'는 권면을 하기 앞서 "그리스도께서 우리를 위해 죽으셨으니"(살전5:10)라고 예수님의 대속적 죽음에 대해 분명히 이야기합니다. 바울은 "모든 일에 감사하십시오"(5:18)라는 유명한 권면 바로 이어 "이는 그리스도 예수 안에서 여러분을 향하신 하나님의 뜻입니다"라고 선언합니다. 그냥 긍정적인 사고를 갖도록 노력하면 앞으로 '잘 될 거야', '쨍하고 해 뜰 날 돌아올 거야', '언젠가는 잘 되겠지'라는 생각을 스스로에게 억지 주입하며 막연하게 고양

된 감정을 갖도록 노력해 보라는 것이 아닙니다. 바울은 "그리스도 예수 안에서" 감사하라고 구체적으로 권면합니다. 십자가에서 데살로니가 성도들의 죄를 (그리고 우리 죄를) 대신 져주신 그 분으로 인해 감사하라는 말입니다. 바울이 명하는 '항상 감사'는 이처럼 십자가에서 대속을 이루신 예수 그리스도라는 구체적이고 인격적인 근거 위에 존재하는 선명한 행동입니다.

> 저자 해설 및 묵상

오늘 누가가 기록한 주의 만찬 본문을 읽으면서도 구체적이고 선명한 감사의 근거를 발견합니다. 우리가 어떤 상황에서도, 심지어 고난의 순간에서도 감사할 수 있는 본질적인 이유는 바로 주 예수 그리스도 때문입니다. 십자가에서 우리 대신 죽어 죄를 사해 주신 그리스도, 바로 그분 때문입니다(눅22:19-20). 우리 삶의 여정 가운데 존재하는 다른 감사의 근거들은 그에 비해 모두 부수적이며 파생적인 것들입니다. 오늘 하루 그리고 이번 40일간의 묵상 여정 가운데 십자가에서 구원을 이루신 주 예수 그리스도로 인해 감사하고 감격하는 저와 독자들이 되시기 바라고, 그러한 감사와 감격이 우리 남은 삶으로 흘러 넘쳐가기를 기도합니다.

---

1 성경은 우리가 알고 싶은 것들에 대해 알려주는 책이 아니라, 우리가 꼭 알아야 할 것들에 대해 알려주는 책이다. 영감 받은 저자인 누가는 그의 독자가 꼭 알아야 할 것에 대해 이야기해 주고 또 강조해 준다(요21:25 참조).
2 물론 이 특별한 유월절 식사와 다른 일반적인 유월절 식사 간의 주목할 만한 차이는 예수 그리스도께서 유월절 사건을 자신의 십자가 죽음과 연결해 이해한다는 점이다. 전통적인 유월절 식사에서 유대인들은 잔(cup)을 피(blood)와 연결하지 않은 데 반해, 예수님은 이를 자신이 십자가에 흘리실 보혈과 직접 연결하신다.

묵상과 적용을 위한 질문 1	당신은 무엇에 대해 가장 자주 감사합니까?

묵상과 적용을 위한 질문 2	오늘 당신의 삶 가운데 그리스도의 대속의 은혜로 인한 감사와 감격이 있습니까? 예수 그리스도의 대속으로 인한 감사와 감격이, 다른 일들로 인한 흥분보다 더 크고 지속적입니까? 만일 그리스도의 십자가 대속에 대한 감사와 감격이 희미하거나 시들어가고 있다면 왜 그런 것일까요?

나/만/의/묵/상/메/모

- 오늘 묵상을 통해 주시는 은혜와 감동에 대해 자유롭게 기록해 보세요.

저자와 함께 하는 한 줄 기도

기도와 결단

> 예수 그리스도의 대속의 은혜로 인한 감사와 감격이 우리 삶에 샘솟게 하소서.

- 오늘 묵상한 말씀의 적용과 삶의 결단을 담아 자신의 기도를 적어보세요.

Day 8

주의 만찬이 주는 교훈(4)
'그 날'을 앙망하기

오늘의 본문
눅22:16, 18

16 내가 너희에게 말한다. 유월절이 하나님 나라에서 온전히 이루어질 때까지 내가 다시는 그것을 먹지 않을 것이다."
18 하나님 나라가 올 때까지 내가 포도 열매에서 난 것을 마시지 않을 것이다."

저자 해설 및 묵상

그리스도의 십자가 대속은 역사적인 사건입니다. 2천년 전에 골고다 언덕에서 벌어진 일이고, 이에 대해 네 명의 복음서 기자들(마태, 마가, 누가, 요한)이 한결같이 증언하며, 바울을 비롯한 나머지 신약 저자들도 그에 대해 거듭 언급합니다. 누가복음22:19에 기록된 대로, 주님께서는 자신이 십자가에서 행하실 일을 '기념'(기억)하라고 말씀하십니다. 우리는 그리스도의 십자가 죽음을 단지 영적, 혹은 상징적인 의미만을 갖는 사건이 아니라 시, 공간 가운데 이미 일어난 사건이라는 것을 제대로 이해하고 받아들이는 것이 중요합니다.

그리스도의 대속적 죽음은 역사 가운데 이미 일어난 사건입니다. 그런 뜻에서 예수님의 십자가를 의지하는 일은 우리가 태어나기도 전에 그리고 그리스도를 알기도 전에 벌어진 과거의 사건에 뿌리를 두고 있습니다.

동시에 예수님의 십자가 죽음은 미래지향적 사건입니다. 다시 말해, 미래에 이뤄질 일을 고대하는 사건이기도 합니다. 신약성경 내에서 주의 만찬 제정에 관한 가장 이른 기록인 고린도전서 주의 만찬 구절(11:23-26)은 다음의 선언으로 마무리됩니다.

"그러므로 여러분은 이 빵을 먹고 이 잔을 마실 때마다 주가 오실 때까지 그 분의 죽으심을 선포하는 것입니다."(고전11:26)

고린도전서11:26에서, 주님의 십자가 죽음은 그의 재림을 선포하는 일과 연결됩니다. 십자가에 죽으셨다가 죽음의 권세를 이기시고 부활, 승천하신 그리스도께서는 하나님 아버지의 보좌 우편에 좌정하시어 우주를 통치하시고 역사를 주관하십니다. 그리스도께서는 십자가 구속의 효력이 온 우주 가운데 궁극적으로 실현될 종말의 날에 이 땅에 다시 오실 것입니다. 그리고 의인에게 영원한 상을 주시고 악인은 영원히 벌하실 것입니다.

오늘 본문 역시 그리스도의 십자가 죽음이 내포하는 미래 지향성을 여실히 보여줍니다. "유월절이 하나님 나라에서 온전히 이루어질 때까지 내가 다시는 그것을 먹지 않을 것이다"(눅22:16)라고 기록된 주님 말씀은 역사의 종말 때에 있을 메시아의 잔치(banquet)를 가리킵니다. 이러한 언급은 장차 완성될 하나님 나라에 대한 예수님 자신의 확신과 기대를 강력하게 보여줍니다. 22:18에도 근본적으로 같은 말씀이 기록되어 있습니다. 18절에서 예수님은 다음과 같이 말씀하십니다. "하나님 나라가 올 때까지 내가 포도 열매에서 난 것을 마시지 않을 것이다."[1] 누가복음22:17과 22:19이 주의 만찬 중 떡과 포도주를 나누시는 장면을 묘사하고 있

저자 해설 및 묵상

음을 생각할 때, 결국 16절과 18절의 언급은 예수님이 제정하신 주의 만찬(새로운 유월절 식사)이 완성될 하나님 나라에 대한 강한 기대를 담고 있음을 분명히 보여줍니다(22:30 참조).

그리스도의 십자가 죽음은 그를 구원자와 주로 믿는 이들에게 그 효력(effect)이 적용됩니다. 그러나 그 효력이 개인과 공동체 그리고 온 우주 가운데 완전하고 궁극적으로 적용되는 것은 예수님이 다시 오실 그 때 실현됩니다. 그렇기에 예수님의 죽으심은 본질적으로 미래지향적 사건입니다. 이 특별한 유월절 식사는 그리스도의 죽음의 효력이 만방에 완전하게 드러날 종말의 날, 즉 하나님의 백성들이 완전한 구원과 해방을 경험할 그 영광스러운 날에 대한 '예언'입니다. 하나님 나라가 완성되는 그 날, 주의 만찬이 상징하는 예수님의 죽음의 효력(effect)이 온 우주에 드러날 것입니다!

예수님을 믿을 때 죄를 용서받습니다. 그리고 성도는 살아가면서 예수님 보혈의 능력을 경험합니다. 죄책감에서의 자유, 내적 혹은 신체적 질병의 치유, 관계의 회복, 그 외의 다양한 회복과 갱신의 역사를 종종 경험합니다. 그러나 우리 중 그 누구도 예수님의 죽음의 능력과 효력을 완전히 다 경험하면서 살지는 못합니다. 우리가 이 땅에서 사는 동안 모든 문제의 해결을 경험하진 못합니다. 어떤 문제는 점진적으로도 해결이 안 되는 것을 경험하며 때론 절망하기도 합니다. 더욱이 예수님께서 다시 오셔서 구원 역사를 완성하실 그날이 오기 전, 즉 우리가 이 땅에 사는 동안 죽음이라는 실존을 피할 수 없습니다.

> 저자 해설 및 묵상

그러나 예수님이 다시 오셔서 하나님 나라가 완성될 그 날, 성도들이 영생의 부활로 일어날 그 날, 그리스도의 죽음의 효력이 온 천하에 궁극적으로 실현될 그 날, 즉 유월절이 하나님 나라에서 그 완전한 성취를 발견할 그 날에 예수님은 그의 백성들과 함께 다시 유월절 식사를 나누실 것입니다.

그리스도인은 미래 지향적인 사람들입니다. 그리스도인들은 현실에 충실하지만 현실의 필요나 욕구에 함몰되거나 지배받는 이들은 아닙니다, 그리스도인은 하나님 나라가 완성될 그 날을 내다보며 앞으로 힘껏 나아가는 자들입니다. 하나님 나라의 완성에 대한 그들의 기대는 그저 막연한 소원이나 긍정적인 사고의 산물이 아니라, 성경이 약속한 바요 주 예수 그리스도께서 친히 말씀하신 바입니다.

---

1 16절에서 예수님은 하나님 나라의 완성 시점까지는 유월절 식사를 "먹지 않을 것"에 대해서 그리고 18절에서는 그 시점까지는 "포도 열매에서 난 것을 마시지 않을 것"에 대해서 말한다. 예수님의 이같은 거듭된 맹세는 주의 만찬 제정이 빵과 잔에 대한 특별한 축복의 말(19절, 20절)로 구성된 것과 서로 평행을 이룬다.

묵상과 적용을 위한 질문 1

삶과 신앙의 어떤 부분에서 그리스도의 십자가 보혈의 능력을 경험하십니까? 또 삶과 신앙의 어떤 부분에서 그리스도의 십자가 보혈의 능력을 진정 경험하기 원하지만 원하는 만큼 경험하지 못하고 있습니까?

묵상과 적용을 위한 질문 2

그리스도의 십자가 대속의 효력이 온 우주에 완전히 드러날 그 날을 바라보며 살아가는 것이 오늘 당신의 삶에 어떤 차이를 가져다 줍니까? 그런 생생한 소망을 지금 갖고 계십니까? 갖고 있지 않다면 왜 그렇습니까?

나/만/의/묵/상/메/모

- 오늘 묵상을 통해 주시는 은혜와 감동에 대해 자유롭게 기록해 보세요.

저자와 함께 하는 한 줄 기도

기도와 결단

그리스도의 대속의 효력이 온 우주에 완전히 드러날 그 날을 바라보며 오늘을 살게 하소서.

- 오늘 묵상한 말씀의 적용과 삶의 결단을 담아 자신의 기도를 적어보세요.

Day 9 / 주의 만찬이 주는 교훈(5) '하나님 나라' 추구하기

오늘의 본문
눅22:16, 18

16 내가 너희에게 말한다. 유월절이 하나님 나라에서 온전히 이루어질 때까지 내가 다시는 그것을 먹지 않을 것이다."
18 하나님 나라가 올 때까지 내가 포도 열매에서 난 것을 마시지 않을 것이다."

저자 해설 및 묵상

　어제는 주의 만찬이 내포하는 미래 지향성에 대해 나누었습니다. 주의 만찬은 그리스도께서 이미 이루어 주신 일에 기반하고 있지만, 동시에 그리스도께서 이루신 일의 효력이 온 우주에 궁극적으로 적용되고 실현될 그 날에 대한 강력하고도 분명한 소망을 내포하고 있습니다. 그런데 미래에 대한 이와 같은 소망의 중심에는 '하나님 나라'의 완성이라는 사건이 위치해 있습니다. 오늘은 '하나님 나라'에 대해서 나누기를 원합니다.

　예수님은 자신의 죽음을 상징하는 특별한 유월절 식사를 제자들과 나누시며, '하나님 나라'에 대해 거듭 언급하십니다. "내가 너희에게 말한다. 유월절이 하나님 나라에서 온전히 이루어질 때까지 내가 다시는 그것을 먹지 않을 것이다. 하나님 나라가 올 때까지 내가 포도 열매에서 난 것을 마시지 않을 것이다"(눅22:16, 18).

　방금 인용된 주님의 말씀에서 분명히 드러나듯, 예수님은 주의 만찬을 '하나님 나라'와 연결해서 생각하셨습니다. 여기서 '하나님 나라'는 영토의 개념보다는 통치의 개념입니다. 즉, '하나님 나라'는 자기 백성의 왕이시고 온 우주의 통치자이신 하나님의 주권적 다스리심을 가리킵니다. 주의 만찬이 예수님의 죽음을 상징한다는 점을 고려할 때, 결국 그리스도께서 자신의 죽음을 하나님 나라와 연결해서 생각하셨음을 알 수 있습니다.

그러한 사실에 비추어 볼 때, '하나님 나라' 혹은 '하나님의 통치'는 매우 중요한 실체임에 틀림없습니다. 그러나 예수를 믿는다고 하면서도 정작 '하나님 나라'에 대해서는 중요하게 생각하지 않는 경우가 많은 것 같습니다. 예수님의 십자가 죽음에 대해서는 비교적 많이 이야기하는 편이지만, '하나님 나라' 혹은 하나님의 통치에 대해서는 자주 듣지 못합니다.

신학자들이 학문적인 대화를 하고 토론을 할 때, 서로 동의하는 부분이 의외로 그리 많지 않습니다. 하지만 한 가지 쉽게 그리고 기꺼이 동의하는 것 중 하나는 예수님의 가르침의 핵심이 '하나님 나라'였다는 사실입니다.[1] 오늘 본문에서도 그 사실이 입증됩니다. 이스라엘을 태동케 했던 구속 사건의 핵심인 유월절을 기념하는 그 의미심장한 식사를 자신의 임박한 죽음에 비추어 해석하시면서[2] 주의 만찬을 제정하시는 이 중요한 자리에서 예수님은 '하나님 나라'를 거듭(16, 18절) 강조하십니다.[3]

누가복음22:16, 18을 읽어보면, '하나님 나라'가 예수님의 생각과 사역에서 얼마나 중요했는지 잘 보입니다. 하지만 이미 지적한 대로 실제 우리 삶에서 '하나님 나라', 즉 하나님의 통치에 따라 생각하고 묵상하고 살아가는 사람들이

저자 해설 및 묵상

저자 해설 및 묵상

그리 많지는 않습니다. '좁은 길로 가는 자는 그 수가 적다'는 주님 말씀이 생각납니다(눅13:24).

과연 우리는 예수님의 제자로서 '하나님 나라'의 일에 관심을 두고 살아갑니까? 아니면 현실의 문제에 급급하게만 살아가고 있나요? 물론 현실의 문제가 아무 의미 없다는 뜻은 아닙니다. 그러나 현실의 문제에만 매여서 그리고 거기에 그저 묶여 지낸다면, 우리 삶이 궁극적으로 하나님 나라를 추구하는 것은 아마 아닐 것입니다. 지금 우리가 너무나 중요하게 생각하는 문제들 가운데 막상 우리가 이 세상을 떠날 때는 별 상관이 없는 것이 사실 많습니다. 우리에겐 영원의 관점에서 중요치 않는 문제들은 과감히 무시하고 상대화 시킬 수 있는 호연지기가 필요합니다.

하나님 나라를 추구하는 삶, 즉 우주의 통치자이시며 역사의 주인이신 하나님의 다스림에 따라 사는 삶은 여러 다양한 측면과 표현들을 내포합니다. 그러나 그 다양성 가운데 적어도 두 가지의 공통적 요소가 발견됩니다. 첫째는 그리스도의 영이신 성령의 인도하심과 힘주심을 의지하며 주님께서 이끄시는 대로 나아가는 모습입니다. 내 스스로의 힘이 아니라, 성령의 능력에 의존하며 사는 삶입니다. 이러한 삶은 각 개인뿐 아니라, 공동체에도 역시 적용됩니다.

둘째, 하나님께서 온 우주와 인류 역사의 주인이심을 믿고, 하나님께서 과연 지금 어디에 관심을 두시고 어떤 일을 행하고 계시는가를 영적으로 깨어 분별하며, 하나님이 행하고 계신 바로 그 일에 동참하는 모습입니다. 다른 말로 하면, 하나님의 다스리심에 입각한 역사의식을 갖고 살아가는 것입니다. '하나님께서 왜 굳이 나를 지금 이곳에 살게 하시는가?'에 대해 깊이 성찰하고, 그 가운데 하나님의 뜻을 구하며 주님께서 깨닫게 해 주시는 대로 살아가는 삶입니다. 이 역시 개인의 영역과 공동체의 영역에서 공히 이루어져야 합니다. 성경에서 하나님께 쓰임 받은 개인과 공동체들은, 적어도 위의 두 가지 공통점을 갖고 있었습니다. 그러나 꼭 그들만 그렇게 살라는 법은 없습니다. 우리 역시 그들처럼 궁극적이고 영속적인 실체인 하나님 나라를 추구하며, 멋들어지고 당차게 살도록 부르심을 받았습니다(히11 참조). 우리 역시 그들처럼 성령의 인도하심과 힘주심을 의지하며, 하나님의 통치에 입각한 역사의식을 갖고 살도록 소명을 받았습니다.

> 저자 해설 및 묵상

예수 그리스도께서 가르치시고 보여주신 하나님 나라의 복음을 전파하고, 또 개인과 공동체의 삶을 통해 동료 제자들과 이웃 앞에서 그 영광스런 복음을 시연(display)해야 하는 책임을 부여 받았습니다. 우리가 속한 가정, 교회, 직장(혹은 학교), 이웃은 하나님 나라로의 고귀한 부르심을 구체적으로 실현할 '기회의 장'(venue)입니다.

2010년 밴쿠버 동계올림픽, 여자 피겨 스케이팅 개인전에서 당시 만 20세가 채 되지 않았던 김연아 선수가 모든 중압감을 이겨내고 세계 피겨 스케이팅 역사에 길이 남을 완벽한 연기를 펼치며 금메달을 차지했습니다. 당시 만 19세의 김연아 선수를 보면서 필자는 '저렇게 어린 선수가 그 모든 중압감을 이겨 내고 조국을 위해 큰일을 해내어 국민들에게 위로와 감동을 선사하는데, 나는 과연 내 조국을 위

저자 해설 및 묵상

해 무엇을 하고 있는가?'라는 질문을 했던 기억이 납니다. 그러나 지금은 그 질문을 조금 바꾸어 보기 원합니다. "그렇게 어린 선수가 그 모든 중압감을 이겨 내고 조국을 위해 큰일을 해냈는데, 나는 과연 하늘 아버지의 나라를 위해 무엇을 하고 있는가?" 독자들도 오늘 이 질문을 스스로 꼭 던져 보시기 바랍니다.

주변에서 삶의 고단함과 중압감에 대한 애절한 이야기를 많이 듣습니다. 눈물짓게 하는 이야기가 사실 너무나 많습니다. 필자 개인과 가족의 삶 가운데도 사실 그런 일들이 있습니다. 어떤 때는 그런 이들이 동시다발적으로 일어나기도 합니다. 그러나 그런 고단하고 애절한 일 때문에 하나님 나라를 위해서 아무것도 못 하고 있다면, 어찌 우리가 예수 그리스도의 제자로서 하나님 나라를 추구한다고 감히 말할 수 있겠습니까?(눅14:25-33 참조) 그런 고단하고 애절한 일들에도 불구하고 나를 짓누르는 마음의 염려와 삶의 무게를 의연히 딛고 일어나 먼저 하나님 나라를 추구하는 것이야 말로 예수 그리스도의 제자 된 표지가 아닐까요?(12:31)

저자 해설 및 묵상

1 누가의 속편인 사도행전1:3은 예수님께서 부활하신 후에 40일간 제자들에게 여러 번 찾아오셔서 가르침을 주셨는데 그 가르침의 핵심이 바로 '하나님 나라'였다고 보도한다. 사도행전의 종결부는 사도 바울이 로마로 압송되어 가택연금상태에서 사역을 이어 갔음을 보도한다. 그런데 거기서 바울이 전했던 메시지의 핵심 역시 '하나님 나라'였다(행28:23, 31). 물론 행29:23, 31에 보여지듯, 하나님 나라에 대한 선포는 주 예수 그리스도에 대한 선포와 중첩(overlap)된다!

2 앞서 언급한 대로, 주의 만찬의 제정은 예수님의 십자가 대속적 죽음과 연결되어 있기에 실로 의미심장하다. 예수님이 제자들에게 명하신 예식은 두 가지인데, 침례가 그 하나다(마28:16-20). 다른 하나는 바로 눅22:14-20(마태/마가 병행구) 그리고 고전11:23-26이 말씀하는 주의 만찬이다.

3 눅22장 16절과 18절에서 예수님이 하나님 나라에 대해 하신 말씀의 중요성은 크게 세 가지 측면에서 쉽게 확인된다. 첫째, 예수님은 근본적으로 같은 말씀을 반복하셨다. 그런 반복에 대한 가장 자연스러운 해석은 주님께서 이것을 강조하셨다는 것이다. 그런데 강조하신 시점 또한 중요하다. 예수님이 하나님 나라에 대한 언급을 반복하여 강조하신 시점은 바로 이스라엘을 태동케 한 그 구원의 사건을 기억하고 축하하는 유월절 식사 자리다. 더욱 중요하게는 예수님의 대속적 죽음이 임박한 바로 그 시점입니다. 둘째, 신약성경 원어인 헬라어를 살펴볼 때, 16절과 18절은 공히 헬라어 부정문(否定文)에서 최상의 강조법(οὐ μή)을 사용하고 있다. 주님께서 특별히 강조하여 이 말씀을 제자들에게 하신 것이다. 여기서 헬라어 οὐ μή를 사용한 16절 및 18절의 구문을 '… 결코 마시지 않을 것이다' 정도로 번역할 수 있다. 그러니까 예수님께서는 '그냥 마시지 않으시겠다' 정도가 아니라 '결단코 마시지 않겠다;는 강조의 말씀을 하신 것이다. 헬라어 구문에서 이보다 더 강력한 부정문은 존재하지 않는다. 셋째, 16절, 18절 모두 "내가 너희에게 이르노니"로 시작한다는 점에 주목해야 한다. 우리 눈에 자칫 평범해 보일 수 있는 이 표현은 실은 예수님의 신적 권위를 암시하는 표현이다. 구약에서는 '여호와께서 가라사대' 라는 표현이 수도 없이 등장하지만, 신약에는 신기할 정도로 그 표현이 일절 사용되지 않는다. 대신 '내가 너희에게 이르노니'라는 표현 혹은 그와 유사한 표현이 예수님에 의해 거듭 사용된다. 구약의 예언자들은 이스라엘의 하나님 여호와의 말씀을 대언했던 반면, 예수님은 하나님과 하나이신 분으로서 자신의 신적 권위로 직접 말씀하셨다는 점에 주목해야 한다.

묵상과 적용을 위한 질문 1	매일 삶 가운데 '하나님 나라'(하나님의 통치)에 대해 얼마만큼 관심을 두고 살아가십니까? 혹시 개인의 문제와 당면한 현실의 문제에만 급급하게 사는 것은 아닙니까? 지금 당신의 마음을 졸이게 하는 일 중에서 영원의 관점에서도 역시 중요한 일이 무엇이고 영원의 관점에서 가치가 없는 일은 무엇입니까?

묵상과 적용을 위한 질문 2	"하나님의 통치에 입각한 역사의식"을 갖고 살아가십니까? 하나님의 통치에 입각한 역사의식이 당신의 삶 가운데 어떤 실천적 행동으로 이어지고 있습니까?

나/만/의/묵/상/메/모

- 오늘 묵상을 통해 주시는 은혜와 감동에 대해 자유롭게 기록해 보세요.

저자와 함께 하는 한 줄 기도

기도와 결단

> 고단하고 애절한 우리의 삶 가운데도 의연하게 일어서서 하나님 나라를 먼저 구하게 하소서.

- 오늘 묵상한 말씀의 적용과 삶의 결단을 담아 자신의 기도를 적어보세요.

Day 10 / 주의 만찬이 주는 교훈(6) 하나됨을 지키기

오늘의 본문
눅22:14-20

14 시간이 되자 예수께서는 사도들과 함께 상에 기대어 앉으셨습니다.
15 그러고는 그들에게 말씀하셨습니다. "내가 고난 받기 전에 너희와 함께 유월절 음식 먹기를 간절히 원했다.
16 내가 너희에게 말한다. 유월절이 하나님 나라에서 온전히 이루어질 때까지 내가 다시는 그것을 먹지 않을 것이다."
17 그리고 예수께서는 잔을 들고 감사 기도를 드린 후 말씀하셨습니다. "이 잔을 받아 너희가 서로 나눠 마시라.
18 하나님 나라가 올 때까지 내가 포도 열매에서 난 것을 마시지 않을 것이다."
19 그리고 예수께서 빵을 들고 감사 기도를 드린 후 떼어 제자들에게 주면서 말씀하셨습니다. "이것은 내가 너희를 위해 주는 내 몸이다. 이것을 행해 나를 기념하라."
20 빵을 잡수신 후 예수께서 마찬가지로 잔을 들고 말씀하셨습니다. "이 잔은 너희를 위해 흘리는 내 피로 세우는 새 언약이다."

저자 해설 및 묵상

　　유대인들은 유월절 식사를 자기 가족과 함께했지만 예수님은 그 가족 중심의 식사를 제자들과 함께하셨습니다(눅 22:15). 그렇게 하심으로써 예수님은 새로운 가족, 새로운 공동체의 탄생을 알리십니다. 이 공동체는 서로 밥상을 함께 하는 식탁 공동체, 그러니까 삶을 더불어 나누는 공동체입니다. 사실 이러한 공동체적 의미는 이미 전통적인 유월절 식사에 담겨있지만, 예수님은 이 특별한 식사를 통해 그

공동체성을 재확인, 업그레이드시키십시오.

 사도 바울에 따르면, 그리스도의 죽으심과 부활을 받아들이고 그리스도를 주(主)로 믿는 이들은 그와 연합하여 십자가에 못 박혀 죽고 장사 되었으며 또 그와 연합하여 일으키심을 얻었습니다(롬6:1-14; 갈2:20). 주의 만찬 중에 그리스도의 '살과 피를 먹고 마시는 것' 역시 그리스도와의 친밀한 연합을 상징합니다. 그런데 주의 만찬은 주 예수 그리스도와 성도들 간의 연합을 상징하는 한편, 또한 성도와 성도 간의 연합을 상징하기도 합니다. 누가복음22:17말씀, 특별히 "이 잔을 받아 너희가 서로 나눠 마시라"[1]는 주님의 명령은 그리스도의 공동체가 "한 피 받아 한 몸 이룬" 존재임을 상징합니다(고전10:15-17).[2] 예수님의 제자들은 '한 피 받아 한 몸' 이룬 존재들이기에, 주 안에서 그 하나 됨(연합)을 힘써 지켜야 합니다(엡4:3).[3]

 누가의 주의 만찬 제정 본문의 클라이맥스라고 할 수 있는, 22:19-20에서 예수님이 2인칭 단수형('너')이 아니라 2인칭 복수형('너희')을 사용하셨다는 사실에 우리는 주목해야 합니다.

 그리스도의 제자들은 주님께서 그들 각자를 위해 십자가에서 보혈을 흘리셨지만, 동시에 그들 옆에 있는 형제, 자매를 위해서도 그 귀한 피 흘리셨음을 잊지 말아야 합니다. 예수님의 제자 된 우리 모두는 주께서 우리를 이 모습 그대로 사랑해 주시는 데 감격해야 합니다. 동시에 그리스도께서 내 옆에 있는 사람, 내가 그다지 좋아하는 않는 그 사람, 내 생각에 별로 중요하지 않게 여겨지는 그 이, 내가 싫어하

저자 해설 및 묵상

> **저자 해설 및 묵상**

는 바로 그 성도를 위해서도 친히 보혈을 흘리셨다는 진리를 직면해야 합니다. 그리스도께서 나만을 위해 죽으신 것은 아님을 분명히 받아들여야 합니다. 하나님이 나를 소중히 보시듯, 다른 형제자매 또한 귀하게 여기심을 잊지 말아야 합니다.

주의 만찬 제정에 대한 구절은 누가복음22:14 이하 및 공관복음의 병행구(마26:20 이하/막14:22 이하)에 등장하지만, 고린도전서11:23~26에도 생생하게 기록되어 있습니다.

"내가 여러분에게 전한 것은 주께 받은 것입니다. 곧 주 예수께서는 잡히시던 밤에 빵을 들어 감사하시고 떼시며 말씀하셨습니다. "이것은 너희를 위해 주는 내 몸이니 이 예를 행해 나를 기념하라." 이와 같이 식사 후에 또한 잔을 들고 말씀하셨습니다. "이 잔은 내 피로 세운 새 언약이니 이 예를 행해 마실 때마다 나를 기념하라." 그러므로 여러분은 이 빵을 먹고 이 잔을 마실 때마다 주가 오실 때까지 그분의 죽으심을 선포하는 것입니다"(고전11:23-26)

사실 대부분의 신약학자는 고린도전서가 공관복음(마태, 마가, 누가복음)보다 일찍 쓰여졌다고 믿습니다. 그렇다면 위에 인용한 고린도전서11:23-26이 신약성경 내에서 가장 일찍 쓰인 주의 만찬 제정 기록인 셈입니다. 주의 만찬 제정에 관한 구절 직후에 사도 바울은 고린도 성도들에게도 자신을 살핀 후에 주의 만찬에 참여하도록 당부합니다(고전11:27-28).

"그러므로 누구든지 주의 빵이나 잔을 올바른 마음 가짐 없이 먹고 마시는 사람은 주의 몸과 피를 짓밟는 죄를 저지

르는 것입니다. 그러니 사람이 자기를 살핀 후에 빵을 먹고 잔을 받도록 하십시오"(고전11:27-28)

> 저자 해설 및 묵상

해당 본문의 문맥을 볼 때, 사도 바울이 말하는 '자기 살핌(self-examination)'은 가난한 성도들을 멸시함으로써 공동체에 분열을 조장하고 있는지 철저히 점검해 보라는 뜻입니다(고전11:17-22, 27-34을 보라).[4] 그렇게 볼 때, 고전 11:26에서 바울이 언급한 '주의 만찬을 통한 그리스도의 죽으심 선포하기'는 교회공동체의 연합과 결코 무관하지 않습니다. 그리스도의 제자들이 서로 하나님을 입으로 고백할 뿐 아니라, 교회의 삶 가운데 그 하나됨을 실존적으로 구현해 갈 때, 요한이 기록한 예수님의 기도처럼 세상은 예수 그리스도가 하나님이 보내신 이임을 믿게 될 것입니다. 그리고 예수 그리스도 안에서 발견되는 하나님의 사랑을 깨닫게 될 것입니다(요17:21, 23; 행2:43-47 참조).

---

1 아마도 제자들은 하나의 잔을 돌려 가면서 마셨던 듯하다(마26:27 참조). 비록 현대인의 위생 관념과는 잘 맞지 않지만 그러한 모습은 공동체의 하나됨을 상징, 시연하는 기능이 있을 것이다.
2 새찬송가 220장을 보라.
3 성도들의 하나됨(연합)이란 주제에 관해선 에베소서4:1-16 전체를 참조하라.
4 이처럼 고전11:17-34에 기록된 주의 만찬에 대한 가르침은 하나님과의 관계와 타인과의 관계가 불가분의 관계로 연결되어 있음을 암시한다(마22:34-40; 막12:28-34 [눅10:25-37 참조]).

묵상과 적용을 위한 질문 1

주의 만찬과 성도와의 연합에는 어떤 관계가 존재합니까? 교회에 나온 지 얼마 안 되는 분이나 어린이가 그 둘 사이에 어떤 관계가 존재하는지 묻는다면, 어떻게 쉽고도 명확하게 풀어 설명해 주시겠습니까?

묵상과 적용을 위한 질문 2

그리스도 안에서 주어진 성도들과의 연합(하나 됨)을 지키는 일이 당신의 믿음생활에서 얼마만큼 우선순위를 갖고 있습니까? 성도들과의 연합을 지키기 위해서 실제로 어떤 의식적이고 구체적인 노력을 기울이고 계신가요?

나/만/의/묵/상/메/모

- 오늘 묵상을 통해 주시는 은혜와 감동에 대해 자유롭게 기록해 보세요.

저자와 함께 하는 한 줄 기도

기도와 결단

> 그리스도 안에서 주어진 성도의 하나됨을 지키는 일에 구체적으로 헌신케 하소서.

- 오늘 묵상한 말씀의 적용과 삶의 결단을 담아 자신의 기도를 적어보세요.

Day 11 주의 만찬이 주는 교훈(7)
섬김과 희생의 제자도 실천하기

오늘의 본문
눅22:14-20

14 시간이 되자 예수께서는 사도들과 함께 상에 기대어 앉으셨습니다.
15 그러고는 그들에게 말씀하셨습니다. "내가 고난 받기 전에 너희와 함께 유월절 음식 먹기를 간절히 원했다.
16 내가 너희에게 말한다. 유월절이 하나님 나라에서 온전히 이루어질 때까지 내가 다시는 그것을 먹지 않을 것이다."
17 그리고 예수께서는 잔을 들고 감사 기도를 드린 후 말씀하셨습니다. "이 잔을 받아 너희가 서로 나눠 마시라.
18 하나님 나라가 올 때까지 내가 포도 열매에서 난 것을 마시지 않을 것이다."
19 그리고 예수께서 빵을 들고 감사 기도를 드린 후 떼어 제자들에게 주면서 말씀하셨습니다. "이것은 내가 너희를 위해 주는 내 몸이다. 이것을 행해 나를 기념하라."
20 빵을 잡수신 후 예수께서 마찬가지로 잔을 들고 말씀하셨습니다. "이 잔은 너희를 위해 흘리는 내 피로 세우는 새 언약이다.

저자 해설 및 묵상

　주의 만찬의 본질은 우리 죄를 사하기 위해 십자가에서 자신의 모든 것을 내어 주신 예수 그리스도이십니다. 그런데 신약성경 전체에 걸쳐서 그리스도의 대속적 죽음은 제자도(성도의 삶)를 향하고 있습니다(눅9:23; 막10:45; 히12:1-3; 빌2:8을 보라). 그리고 십자가에 달리시기(눅23:26-49)에 앞서 자신의 죽음의 의미에 대해 말씀하신 주의 만찬 본문(22:14-20) 역시, 제자도를 향한 중요한 가르침들을 내

포함니다.

  먼저 모든 사람이 아닌 오직 예수님을 믿고 따르는 이들(예수 그리스도와 인격적 관계를 맺고 있는 성도들)만 주의 만찬에 참여한다는 사실[1] 자체가 이 예식이 제자도를 향한 중요한 의미를 갖고 있음을 암시합니다. 예수님이 주의 만찬을 함께 나누신 대상은 그의 제자들이지, 군중이 아님에 주목해야 합니다. 주님께서는 기적을 베풀어 빵 5개와 물고기 2마리로 장성한 남자만 5천 명이나 되는 엄청난 수의 군중을 먹이셨고, 빵 7개와 물고기 2마리로 장성한 남자만 4천 명 되는 무리를 먹이셨습니다. 주님은 이처럼 군중들을 긍휼히 여기셨고 그들을 위해 많은 시간을 할애하셨습니다. 특히 주님의 갈릴리 사역(눅4:14-9:50 및 마태/마가의 병행구)에서 그런 장면들이 자주 드러납니다. 하지만 주의 만찬에서는 제자들만 예수님과 함께 했습니다.[2] 주의 만찬은 그리스도의 제자들을 위한 것입니다. 주의 만찬은 참여하는 이들로 하여금 예수의 제자 된 그들의 정체성을 되새길 소중한 기회를 제공합니다.

  아울러 주의 만찬의 시행이 그리스도의 명령에 대한 순종이라는 점, 그리고 이스라엘을 태동케 한 결정적 사건을 기념하는 유월절에 대한 그리스도의 해석을 최종적인 것으로 받아들인다는 점에서도 주의 만찬 참여는 제자도를 향한 중요한 의의를 갖습니다.[3] 어제 이미 나눈바, 주의 만찬이 우리에게 제시하는 '성도의 연합' 역시 제자도와 직결되어 있습니다. 주의 만찬은 제자들에게 자신을 돌아보고 점검할 기회를 제공한다는 면에서 또한 제자도를 향한 중요

저자 해설 및 묵상

한 의의를 담고 있습니다. 사도 바울은 고린도 교인들에게, 주의 만찬에 참여하기에 앞서 스스로 영적 상태를 엄중히 점검하도록 명합니다(고전11:27-28). 고린도 교인 중에서 그렇게 하지 않음으로써 하나님께 징계를 받아 병들거나 죽은 경우가 적지 않다고 경고합니다(고전11:29-32).[4] 바울은 여기서 '무분별한 주의 만찬 참여'를 경고하면서, 당시 고린도 사회에 만연한 성공에의 열망과 그와 연관된 계층 의식이 불러온 교회 내 분열이라는 뼈아픈 현실(11:17-22, 33-34)을 다루고 있습니다. 주의 만찬이 그 예식에 참여하는 성도들로 하여금 자기 자신을 하나님 앞에서 엄중히 돌아볼 기회를 제공한다는 점, 그리고 그 가운데 그리스도께 대한 헌신을 새롭게 할 기회를 제공한다는 면에서 주의 만찬은 제자도를 향한 중요한 의의를 갖습니다.[5]

그러나 필자가 오늘 가장 주목하는 부분은 '희생'과 '섬김'의 '제자도'입니다. 예수님께서 제정하신 주의 만찬이 상징하는 그리스도의 대속적 죽음은 섬김과 희생의 궁극적 모본을 우리에게 제시합니다. 우리를 위해 하늘 영광을 포기하신 예수님은 참혹한 십자가에서 치욕스러운 죽음을 맞이하는 순간까지 우리를 끝까지 섬기셨고, 우리를 위해 모든 것을 희생하셨습니다(빌2:6-8; 막10:45 참조). 하나님 사랑과 이웃 사랑이 가장 중요한 계명임을 친히 가르치셨던 예수님(마22:34-40; 막12:28-34; 눅10:25-37 참조)은 십자가의 궁극적 섬김과 희생을 통해 '하나님 사랑'과 '이웃 사랑'의 완전한 본을 제시하셨습니다.

이 책을 완성해 가던 2019년 1월 12일 토요일 새벽, 4시간

> 저자 해설 및 묵상

정도만 잤는데도 눈이 떠져 오전 4시 30분에 기상하여 원고 작업을 계속하고 있었습니다. 그로부터 몇 시간이 흘러 오전 8시경 저희 가정과 매우 가깝게 지내는 목사님 부부로부터 전화가 걸려왔습니다. 고속도로에서 눈길에 미끄러져 사고가 났으니 와서 도와 달라는 전화였습니다. 그 당시 사실 두 권의 책을 동시에 마무리해 가는 중이었고, 또 책 데드라인을 못 맞추게 되면 그 후에 계획된 일들과 일정이 겹치면서 여러 복잡한 문제가 발생할 것을 알고 있었으므로 솔직히 단 한 시간도 누구에게 내어 주기가 어려울 때였습니다. 그런데 다른 일도 아니고 아주 친한 가정의 교통사고라 주저함 없이 바로 준비해서 나섰습니다. 막상 사고 현장에 가서 보니, 다행히 목사님 부부에게 큰 외상은 없었지만, 삼중 추돌로 인해 타고 있던 미니밴은 폐차해야 할 지경이었습니다. 병원으로 모셔다 드리고 도움을 드리면서 원래는 오전에만 도움을 부탁하셨지만 오후 4시까지 함께 있으면서 섬겼습니다. 그렇게 일과 대부분을 원래 계획과는 전혀 다른 방향으로 보냈습니다.

그런데 일을 다 마치고 오후 4시경에 집에 들어올 때, 기대하지 않은 경험을 했습니다. 근래에 느껴보지 못한 깊은 기쁨과 평안함이 마음을 지배했습니다. 금식기도를 한 것도 아닌데, 주님이 특별히 가깝게 느껴졌습니다. 일정이 여유가 있던 이전이라면 얼마든 했을는지 몰라도, 근래에는 바쁘다는 핑계로 엄두를 잘 못 냈던 일이었지만 막상 내 시간을 좀 '손해' 보더라도 섬기는 일을 했더니, 주님의 친밀하심과 깊은 평안과 기쁨이 제 맘에 엄습해 왔습니다.

저자 해설 및 묵상

   그런데 왜 이날 따라 주님이 그렇게 유달리 가깝게 느껴지고, 주께서 주시는 평강과 기쁨이 제 마음을 지배했을까요? 그것은 제가 예수님의 제자로서 그분의 일에 동참했기 때문이라는 깨달음이 왔습니다. 여덟 시간 동안 함께 있어 드리며 필요한 부분을 좀 도운 것뿐인데 그렇게 시간을 조금 '손해' 보면서 희생과 섬김의 본이 되신 주님의 일에 동참할 때, 그분께서는 그것을 – 사실 별 대단한 것도 아니지만 – 귀하게 보신 것입니다. 또한 이 일을 통해 앞으로 바쁘고 시간에 쫓기더라도 그 가운데서도 할 수 있는 대로 주변에 있는 분들을 섬기며 살도록 격려해 주신 것입니다. 사실 십자가에서 예수님이 내게 베풀어 주신 놀라운 섬김을 생각한다면, 위에 필자가 했다고 나눈 것은 섬김의 'ㅅ'도 못 되는 것입니다. 더욱이 나의 작은 시간적 '손해'가, 날 위해 십자가에서 죽으신 주님과의 연합(갈2:20; 롬6:1-14)을 되새기는 기회이며, 그로 인해 내가 '손해' 본 것과 비교할 수 없는 더 큰 기쁨과 평안 그리고 주님과의 친밀함을 경험했다면 결코 '손해를 봤다'라거나 '희생했다'고 말해선 안 될 것입니다. 주님이 보여주신 친밀함과 그분이 베풀어 주신 기쁨과 평안은, 제가 '손해' 본 시간과는 비교되지 않을 정도로 값지고 소중한 것이었습니다.

   삶의 고단함과 바쁜 일정의 압박 가운데서도 그저 내 것만 챙기거나 내 일에만 급급하지 않고, 하나님이 내 주변에 더불어 살게 하신 이들을 생각하는 삶, 그게 바로 십자기에서 우리 죄를 대신 감당하신 예수님의 섬김과 희생의 본을 따르는 삶이라 믿습니다. 크리스천은 단지 1인분 인생 살라고 부르심을 받지 않았습니다. 필자를 비롯한 모든 크리스천이 줄반장 역할만 해도, 즉 7인분 인생만 감당해 줘도 우리 사회에 큰 변혁이 찾아오리라 믿습니다. 우리가 삶에서 감당하는 작은 '손해' 감수나 작은 '희생'을 주님의 고귀한 섬김과 궁극적 희생과 비교할 수 없습니다. 하지만 우리가 일상에서 감당하는 아주 작은 '손해 감수'와 소소한 '희생'은 우리가 십자가의 주 예수 그리스도의 제자 됨을 나타내 주는 표식입니다. 우리가 그분이 앞서가신 그 길을 – 비록 여전히 부족하고 엉성하지만 – 따라가고 있음을 알려주는 복된 표지입니다.

> 저자 해설 및 묵상

---

1 교인 중에서 누가 주의 만찬에 참여할 수 있는가에 대해서는 교단이나 전통 별로 차이가 있지만, 주의 만찬이 모든 사람을 위한 것이 아니라 그리스도인들을 위한 것이란 점에는 기본적으로 이견이 없다.
2 요한복음에 따르면, 예수님을 배반한 유다는 주의 만찬을 끝까지 마치지 못했다. 그는 주의 만찬 중간에 떠났다(요13:21-30). 사도 바울은 고린도 성도들에게 자신을 살핀 후에 주의 만찬에 참여하라고 명한다(고전11:27-28).
3 "내가 너희에게 말한다"(16, 18)가 예수 그리스도의 신적 정체성에 대한 암시를 제공하는 설명에 관해서는 이미 위에서 제시된 내용을 참조하라. 주의 만찬 제정 본문 직후에 나오는 눅22:21-23에 언급된 가룟 유다의 배신은 참 제자도와 대립되는 그릇된 실체를 생생히 드러냄으로써 제자도의 중요성을 역설적으로 강조한다(22:1-6 함께 참조).
4 여기서 바울이 말하는 '징계'는 영원한 형벌이 아니라 그런 궁극적 형벌을 막기 위한 예방의 조치로 하나님께서 성도들에게 주시는 엄중한 훈계로 이해해야 한다(고전11:32).
5 이 책이 누가복음22-24장에 집중하는 이유로 주의 만찬에 대한 논의에서 고전11:17-34은 일반적이고 간략하게만 다룬 점을 밝힌다.

| 묵상과 적용을 위한 질문 1 | 주의 만찬과 제자도는 서로 어떤 관계가 있습니까? 이 둘의 상관관계를 처음 교회에 나온 분 또는 어린이에게 설명하신다면 어떻게 쉽게 풀어 이야기해 주시겠습니까? |

| 묵상과 적용을 위한 질문 2 | 최근에 시간적, 재정적, 인간관계 면에서 다른 성도나 이웃을 위해 아무 대가를 바라지 않고 기쁘게 자원하는 맘으로 섬겼던 일을 하나 적어보세요. 앞으로 그런 일을 지속적으로 하기 위해서는 어떤 준비나 계획 혹은 마음가짐이 필요할까요? |

나/만/의/묵/상/메/모

- 오늘 묵상을 통해 주시는 은혜와 감동에 대해 자유롭게 기록해 보세요.

저자와 함께 하는 한 줄 기도   기도와 결단

> 십자가의 주 예수 그리스도를 본받아 희생하고, '손해'보고, 섬기는 것이 체질이 되게 하소서.

- 오늘 묵상한 말씀의 적용과 삶의 결단을 담아 자신의 기도를 적어보세요.

Day 12
하나님의 주권과 인간의 책임, 그 신비롭고 엄중한 공존

오늘의 본문
눅22:21-23

21 그러나 보라. 나를 배반할 자의 손이 지금 나와 함께 상 위에 있다.
22 인자는 정해진 대로 갈 것이지만 그를 배반하는 자에게는 화가 있을 것이다.
23 그들은 자기들 중 누가 이런 일을 하겠는가 하고 서로 묻기 시작했습니다.

저자 해설 및 묵상

하나님의 주권과 인간의 책임이 연동된다는 것은 우리가 완전하게 헤아릴 수 있는 영역은 아닙니다. 이는 우리의 이성이 이해할 수 있는 것을 넘어서는 신비의 영역입니다. 오늘 본문 역시 그 신비에 대해 이야기합니다.

예수님은 '인자'(예수님의 자기 호칭)가 하나님의 뜻대로, 즉 구약성경이 예언한 대로 죽으실 것이라고 말씀하십니다(22:22, 37; 24:44, 46). 누가복음22:21-23의 내용을 보면 문자적으로는 구약성경이 아니라, 하나님의 주권적 의지에 대해 말씀하고 있습니다.

하나님의 정하신 바는 구약성경의 말씀과 예언, 그리고 그 기대한 바와 정확히 일치합니다. 예를 들어 누가복음22:42은 예수님의 임박한 죽음을 하나님의 주권적 의지라고 말하고, 눅24:25-27 및 44-47은, 이를 구약성경에 명시된, 반드시 이뤄져야만 하는 일로 제시합니다. 물론 구약성경을 하나님의 말씀으로 인정했던 예수님과 신약 저자들에게 하나님의

> 저자 해설 및 묵상

말씀인 구약성경이 그분의 주권적 의지의 계시임은 자명한 사실이었습니다. 예수 그리스도는 성경이 계시하는 하나님 아버지의 주권적 뜻 아래에서 철저하게 순종하셨습니다. 그렇게 함으로써 우리가 성경을 어떻게 바라봐야 하는지 그리고 나아가 성경이 우리 개인과 공동체의 삶에 어떤 권위를 가지는지를 생생하게 보여주셨습니다.

예수님의 말씀에 따르면, '인자'는 구약성경에 기록된 대로 하나님의 주권적인 뜻대로 십자가에서 죽음을 맞이하시지만, 그렇다고 그를 배반한 자에게 아무 책임이 없다는 뜻은 아닙니다. 우리의 제한된 이해력으로 일일이 헤아릴 수 없지만, 성경은 하나님의 주권과 인간의 책임이 신비롭게 공존함을 거듭 이야기합니다(고전3:6; 잠16:1). 인간이 책임 있는 존재라고 해서, 하나님이 그들 손에 모든 것을 다 맡겨 버린 채 역사를 불확실성에 방치하신게 아닙니다. 하나님은 자신의 주권적인 뜻 가운데 어제나 오늘이나 영원토록 변함없이 우주를 통치하고 계십니다. 그리스도의 참혹한 십자가 처형 역시 우주의 통치자시요, 역사의 주관자이신 하나님의 뜻입니다(눅9:44; 18:31 참조). 그러나 하나님이 주권자로 통치하신다고 해서, 각 개인과 공동체에 주어진 책임의 자리가 유실된다는 뜻은 아닙니다. 그들에게는 여전히 책임이란 실체가 생생하게 존재합니다. 그렇기에 하나님의 메시야, 주 예수를 대적하는 이들에게는 심판이 기다리고 있습니다. 오늘 본문은 우리로 하여금 하나님의 주권과 인간의 책임의 공존이라는 매우 신비롭고도 엄중한 사실을 직면하게 합니다.

| 묵상과 적용을 위한 질문 1 | 주변에서 하나님의 주권을 핑계로 자신의 책임을 게을리하는 예를 한 가지 들어보세요. 그리고 자신이 그렇게 했던 예를 추가로 들어보세요. |

| 묵상과 적용을 위한 질문 2 | 하나님이 주권자이시지만 동시에 우리는 하나님 앞에서 자신의 선택과 결정에 대해 책임져야 하는 존재라는 신비롭고도 엄중한 사실이 오늘 당신의 삶에 어떤 위로와 도전을 주는지 구체적으로 적어보세요. |

나/만/의/묵/상/메/모

- 오늘 묵상을 통해 주시는 은혜와 감동에 대해 자유롭게 기록해 보세요.

저자와 함께 하는 한 줄 기도

 기도와 결단

> 역사의 주관자이신 하나님의 주권을 인정하며 동시에 책임 있는 존재로 살게 하소서.

- 오늘 묵상한 말씀의 적용과 삶의 결단을 담아 자신의 기도를 적어보세요.

Day 13 / 높아짐과 낮아짐의 역설

오늘의 본문
눅22:24-27

24 제자들 사이에서 누구를 가장 높은 사람으로 볼 것인지를 놓고 다툼이 벌어졌습니다.
25 예수께서 그들에게 말씀하셨습니다. 이방 사람의 왕들은 자기 백성들을 다스리며 권세 부리는 자들은 자칭 '백성들의 은인'이라고 한다.
26 그러나 너희가 그래서는 안 된다. 오히려 너희 중 가장 큰사람은 가장 어린 사람[1]과 같이 돼야 하고 다스리는 사람은 섬기는 사람과 같이 돼야 한다.
27 누가 더 높은 사람이냐? 밥상 앞에 앉아 있는 사람이냐, 그를 시중드는 사람이냐? 밥상 앞에 앉아 있는 사람이 더 높지 않으냐? 그러나 나는 섬기는 사람[2]으로 너희 가운데 있다.

저자 해설 및 묵상

앞선 눅22:23은 과연 누가 스승 예수를 배반할 것인지에 대한 제자들의 강한 궁금증을 묘사합니다. 이어지는 24절에 따르면, 제자들의 대화는 이제 자신들의 세속적 욕망과 성공에 대한 주제로 넘어갑니다. 아마 누가 예수님을 배반할 것인가에 대한 궁금증이 누가 더 충성된 제자인지에 대한 토론으로 번지고, 급기야 그들 중 누가 가장 위대한 제자인지에 대한 논의로 연결되지 않았나 추측해 봅니다. 예수님은 이제 곧 십자가를 지시는데, 그 앞에서 제자들이 자기 중 누가 가장 높은지에 대해 다투고 있다니 참으로 한심하기 그지없습니다. 찬 물을 끼얹어도 이렇게 아이스박스 채로 끼얹을 순 없습니다.

> 저자 해설 및 묵상

예수님은 십자가를 지시며 가장 낮은 곳으로 향하시는 데 (27절 [요13:1-20; 막10:45; 빌2:8 함께 참조]), 제자들은 바벨탑을 쌓아 올렸던 그들(창11:14 참조)처럼 스스로 계속 높아지려고만 합니다. 누가 스승을 배반할 것인지에 대해 이야기했던 제자들(눅22:23)은 이제 스승의 일에 관해선 관심조차 없고, 그들 중 누가 더 높은지에 모든 관심이 쏠려 있습니다. 예수님에 대한 신앙고백(눅9:18-20 [병행구: 마16:13-19; 막8:27-29])의 차원이 아닌, 스승에 대한 기본적인 인간적 존중과 배려만 있더라도 이런 식으로 행동하면 안됩니다. 더욱이 주님께서 앞서 하나님 나라에서는 가장 작은 사람이 큰 사람이라는 진리를 이미 가르쳐 주셨던 사실(누가복음9:46-48)에 비추어 본다면, 제자들의 작태가 더욱 한심해 보입니다. 근데 그러한 모습이 혹시 우리의 자화상은 아닌지요?

제자들의 그릇된 반응의 중심에는, 서로 경쟁하고 그 가운데 내가 남보다 더 높아지려는 맘이 존재합니다. 사실 이 세상은 경쟁하여 이긴 자만 살아남는 '적자생존' 논리를 숭배합니다. 특히 한국 사회는 경쟁이 심한 것으로 유명합니다. 치열한 경쟁 가운데 서로를 배려하고 돌보는 마음은 시간이 지날수록 약해져 버리고, 경쟁은 갈수록 치열해져 그로 인한 긴장감도 고조되고 있습니다.

그러나 더 큰 문제는 성도들 가운데서도 그런 잔혹한 경쟁의식이 쉽사리 제거되지 못하고 있다는 것입니다. 직장 동료 간의 경쟁을 넘어, 가족 간의 경쟁, 교인 간의 경쟁, 지역교회 간의 경쟁 등에 우리는 솔직히 이미 익숙합니다. 그

저자 해설 및 묵상

래서 그에 대한 문제의식마저 희미해져 버렸습니다. 진화론에 맞서 목소리를 높이는 크리스천들도, 적자생존의 논리는 찬양하는 듯 보이는 경우가 빈번합니다. 오늘 본문에 그려진 제자들의 모습에서 우리의 자화상을 보고, 우리들에게서 그들의 그림자를 봅니다.

제자들의 이런 한심한 작태를 보시면서도 주님은 사랑으로 타이르시고 가르쳐 주십니다. 예수님은 이스라엘을 침략하고 괴롭혀온 이방인 통치자들 - 우상을 숭배하고 귀신을 섬기는 통치자들이 힘의 논리로 백성 위에 군림하고 자신들을 신격화하며 '은인(benefactor)'이라는 공개적 칭송을 받는데 굶주려 있는 이들(25절) - 과 달리, 하나님 나라에서는 높은 자가 도리어 겸손히 섬기고 봉사해야 한다(26절)고 말씀하십니다. 성경이 가르치고 주님께서 몸소 보여주신 대로 말입니다. 자신이 가진 힘으로 힘없는 이들을 학대하고 억누르는 방식으로 다스리는 것은, 우상을 숭배하고 귀신을 섬기는 이들이 하는 일이라는 게 예수님의 말씀입니다. 제자들은 우상숭배에 직접 동참하지 않았지만, 우상 숭배자들의 작태, 즉 자기중심적인 방식을 고스란히 따르고 있었습니다.

세상에서는 힘 없는 자가 힘 있는 자를 섬깁니다. 그러나 하나님 나라의 방식은 그 정반대입니다. 힘 있는 자가 힘 없는 자를 섬깁니다. 예수님은 하나님의 아들이시지만, 이 땅에서 오셔서 종이 되어 궁극적인 섬김의 본을 보여주셨습니다(빌2:6-8). 앞서 묵상한 주의 만찬(눅22:14-20)이 상징하는 바대로, 자신의 살과 피를 주시기까지 우리를 섬겨주심으로써 속죄의 역사를 이루셨습니다(눅22:27 참조[3]). 이

> 저자 해설
> 및 묵상

처럼 하나님 나라는 역설적입니다. 세상이 추구하는 것과는 차원이 다른 패러다임을 갖고 있습니다. 하나님 나라는 패러다임의 복된 전복이 일상이 되는 나라입니다. 그러나 세상 패러다임의 전복은 폭력적이고 억압적인 방식이 아니라, 자기 비움과 섬김의 방식을 통해 이루어집니다.

오늘 본문에서 보여지듯 제자들의 한심한 작태가 꼭 그들만의 문제는 아닙니다. 우리는 힘의 논리에 지배 받는 세상 패러다임의 유혹과 압력을 이길 수 있도록, 하나님 나라의 패러다임에 우리의 마음과 생각을 매일 푹 담가야 합니다.

---

1 물론 여기서 '어린 사람'에 대한 언급은 연령에 따라 개인의 사회적 신분 및 가치를 결정하였던 고대의 일반적 관행에 비추어 이해해야 한다. 그런 고대의 사회적 관행 가운데서 나이가 가장 연소한 자는 가장 덜 존중 받았다. 이를 어린아이를 비교적 잘 대접하는 21세기 서구나 한국의 관행에 근거하여 해석한다면 아마도 본문이 말하는 바를 충분히 이해하지 못하게 될 것이다.
2 이 절(verse)과 주제상 일치하는 마가복음10:45을 함께 참조하라.
3 당시 종이 했던 주인의 식사 시중에 관해 예수님께서 말씀하신 내용(눅22:27)은 주의 만찬 제정(22:14-23)과 하나님 나라의 섬김의 제자도에 대한 가르침(22:24-27)이 밀접하게 연결되어 있음을 암시해 준다. 주의 만찬 본문과 연결해서 생각해 볼 때, 현 본문에 언급된 예수님의 '섬김'은 일반적인 봉사를 넘어 그가 십자가에서 흘리신 피와 찢기신 몸, 즉 그의 대속적 죽음을 가리킨다(막 10:45 참조).

| 묵상과 적용을 위한 질문 1 | 당신이 그간 생각해 온 '높아짐'이란 구체적으로 무엇을 뜻했나요? |

| 묵상과 적용을 위한 질문 2 | 세상 사람들은 힘의 논리와 적자생존의 논리를 숭상합니다. 아쉽게도 많은 수의 교인들도 그런 논리에 크게 영향을 받습니다. 낮아짐을 실패로 규정하는 세상 가운데서 낮아짐과 높아짐에 관한 예수님의 역설적(paradoxical) 패러다임 가운데 머무르고, 또 그 복된 관점을 유지하며 살기 위해서는 무엇이 우리에게 필요할까요? |

나/만/의/묵/상/메/모

- 오늘 묵상을 통해 주시는 은혜와 감동에 대해 자유롭게 기록해 보세요.

저자와 함께 하는 한 줄 기도

기도와 결단

> 이방인이 추구하는 힘과 돈과 높아짐의 원리가 아니라, 예수님의 겸손과 섬김을 따르게 하소서.

- 오늘 묵상한 말씀의 적용과 삶의 결단을 담아 자신의 기도를 적어보세요.

Day 14 / 선 고난, 후 영광

오늘의 본문
눅22:28-30

28 너희는 내가 시련을 겪는 동안 나와 함께한 사람들이다.
29 그러니 내 아버지께서 내게 나라를 맡겨 주신 것처럼 나도 너희에게 나라를 맡긴다.[1]
30 너희는 내 나라 안에 들어와 내 밥상에 앉아 먹고 마시며 보좌에 앉아 이스라엘의 열두 지파를 심판하게 될 것이다.

저자 해설 및 묵상

　본문 28절에서 예수님은 '시련'에 대해 말씀하십니다. 여기서 '시련'은 앞선 구절들(24-27절)에서 언급된 낮아짐 그리고 섬김과 연결해서 이해해야 합니다. 낮아져 섬기는 데는 시련과 고난이 종종 수반됩니다. 예수님께 있어 시련과 고난이란 궁극적으로 십자가에 못 박혀 가장 저주스럽고도 참혹한 죽음을 맞이하는 것이었습니다. 그러나 자신의 낮아짐과 섬김을 통해 우리에게 구원을 베풀어 주시기 위해서 예수님은 그 시련과 고난을 기꺼이 감당하셨습니다. 28절에서 "너희는 내가 시련을 겪는 동안 나와 함께한 사람들이다"라고 주님이 제자들에게 말씀하십니다. 그렇게 말씀하시는 데는 제자들이 지금까지 수고한 것을 인정해 주시는 한편, 앞으로 감당해야 할 버거운 시련과 고난 가운데서 그들이 충성되게 인내하도록 독려하시는 뜻도 함께 담겨 있습니다. 그러한 독려는 사실 1세기의 사도들만을 위한 것이 아니라, 마가의 독자들을 위한 것이고, 또 우리 자신을 위한 것입니다.

저자 해설 및 묵상

현대인들은 어렵고 힘든 것들을 피하고 싶어합니다. 그리고 그런 성향이 교회에도 침투하여 적잖은 수의 교인들이 '힘들고 피곤하게 신앙 생활하지 않고 편하게 믿고 싶다'고 말합니다. 하지만 그렇게 '편하게 믿는 것'을 참된 제자도라고 말할 수 있을까요? 바울은 옥중에서 자신의 고난으로 인해 위축된 빌립보 성도들에게 다음과 같이 말합니다.

"여러분은 그리스도를 위해 살아야 할 책임, 곧 그분을 믿을 뿐 아니라 그분을 위해 고난도 받아야 할 책임을 받았습니다."(빌1:29)

바울은 우리가 예수님을 믿는데는 그분을 내면적으로 믿고 사랑하는 것과 더불어 주를 위해 받는 고난을 감수하는 것이 수반됨을 말합니다.

그렇다고 주를 섬김에 있어서 당하는 고난이 짐은 아닙니다. 우리가 주님을 신뢰하고 사랑하는 마음으로 주를 위한 고난과 시련을 감당할 때, 그 고난과 시련이 도리어 우리의 영혼을 준비시켜주기 때문입니다.

리처드 십스가 말한 대로, "겨울이 봄을 위하여 땅을 준비시키듯, 거룩한 고난은 영광을 위하여 영혼을 준비"시킵니다. 사실 리처드 십스의 말은 성경에서 빌어온 것입니다. 사도 베드로가 십스보다 훨씬 오래 전에 고난 받는 성도들에게 다음과 같이 격려했습니다.

"그러므로 여러분은 이제 온갖 시험을 당해 잠시 근심하게 됐으나 오히려 크게 기뻐합니다. 그것은 여러분이 당하는 믿음의 시련이 불로 단련해도 없어질 금보다 더 귀해 예수 그리스도께서 나타나실 때 칭찬과 영광과 존귀를 얻게

저자 해설 및 묵상

하려는 것입니다."(벧전1:6-7)

예수님은 자신과 함께 고난과 시련을 같이 한 제자들을 향해 하나님 나라가 도래할 때 그들이 이스라엘의 열두지파를 다스릴 권세와 영광을 얻게 될 것이라고 약속하십니다.[2] 제자들은 주님 나라가 올 때, 주님의 식탁에 함께 앉아 먹고 마시며, 함께 축제를 벌이고(눅22:16, 18 참조) "이스라엘의 열두지파를 심판하게 될 것"입니다(30절). 이는 일차적으로 사도들에게 하신 말씀이지만, 원리적으로 모든 세대의 성도들에게 적용될 수 있는 말씀입니다. 장차 도래할 하나님 나라에는 자기 십자가를 지고 그리스도를 충성스럽게 따르며 희생적 섬김을 실천하는 이들을 위한 영예의 자리가 마련되어 있습니다! 그렇기에 예수의 제자들은 이 세상에서 스스로 높아지려는 욕구(24-27절 참조)로부터 자유로울 수 있습니다. 아니 자유로워야 합니다. 이 땅에서 높아지고 인정받으며 세상 기준에서 성공하고자 하는 욕망을 내려놓아야 합니다.

예수님을 따르는 제자들의 종착지는 말할 수 없는 영광입니다. 고난이 아닙니다. 그러나 그들은 먼저 고난을 감당한 후에 그 영광을 경험하게 될 것입니다. 영광이 그들의 종착지임을 생각할 때, 지금 예수님을 따르면서 감당하는 섬김과 고난은 결코 무의미하지 않습니다. 바울의 고백대로 장차 우리가 경험할 그 영광은, 지금 우리가 겪는 환란과 결코 비교할 수 없습니다.

"우리가 자녀이면 또한 상속자입니다. 우리가 그리스도와 함께 영광을 받기 위해 그분과 더불어 고난을 받으면 우리는 하나님의 상속자요, 그리스도와 함께 상속자가 됩니다. 현재의 고난은 앞으로 우리에게 나타날 영광과 족히 비교할 수 없다고 생각합니다."(롬8:17-18)

제자들은 주와 함께 다스릴 영광에 참예하게 될 것이기에, 이 땅에서 사는 동안 스스로 높아지려고 아등바등할 필요가 없습니다(눅22:24참조).[3] 한편, 그저 쉽고 편하게 부담 없이 예수님을 따르려 한다면 그것은 참된 신앙의 길이 아닙니다. 고난 너머 주께서 약속하신 칭찬과 존귀와 영광을 진심으로 믿고 소망한다면, 오늘 주 예수 그리스도 안에서 모두 다 가진 자의 여유를 갖고 살 수 있습니다! 필자를 비롯한 성도들이 종종 지나치게 아등바등하고 안절부절못하는 이유는 바로 우리가 그리스도 안에서 진정 누구인지를 망각하기 때문이며, 우리의 종착역이 어딘지를 망각하기 때문입니다.

> **저자 해설 및 묵상**

---

[1] 여기서 '나라(king-dom)'는 영역보다는 통치(권)의 의미로 보는 것이 적절하다.
[2] 물론 제자들이 예수님처럼 대속적(대신 죄를 사하는) 죽음을 죽을 수 있다는 뜻은 결코 아니다. 여기서 언급된 제자들의 시련과 고난은 그들이 예수님을 충성되게 따르면서 겪는 어려움을 가리킨다.
[3] 제자들이 장차 주와 함께 다스리는 그 영광에 동참할 것을 예수님은 말씀하신다. 그런데 제자들의 다스림은 지금 이 세상의 통치자들처럼 힘을 마구 휘두르고 힘없는 이들을 강압하는 그런 통치가 아니다. 그들의 통치는 하나님 나라 안에 존재하는 통치다. 그렇기에 이를 힘과 돈의 논리를 앞세우는 세상 방식의 다스림으로 이해해선 안 되고 이해할 수도 없다. 그들의 다스림은 낮아짐이 높아짐이고 섬김이 다스림이라는 역설적 진리를 깨달은 이들의 다스림이다. 이 세상의 통치방식과는 분명 대조, 구분해야 한다.

| 묵상과 적용을 위한 질문 1 | 당신의 매일의 삶에서 고난과 영광은 서로 어떤 상관관계가 있나요? |

| 묵상과 적용을 위한 질문 2 | 장차 우리가 누리게 될 종말론적 영광의 관점에서 지금의 고난과 시련을 바라볼 때, 현재의 삶에 대해 어떤 새로운 시각을 얻게 되는지 자신의 표현을 사용해서 구체적으로 적어보세요 |

나/만/의/묵/상/메/모

- 오늘 묵상을 통해 주시는 은혜와 감동에 대해 자유롭게 기록해 보세요.

저자와 함께 하는 한 줄 기도

기도와 결단

> 주께서 허락하실 미래의 영광을 바라보며 예수님과 복음을 위한 오늘의 고난을 감당케 하소서

- 오늘 묵상한 말씀의 적용과 삶의 결단을 담아 자신의 기도를 적어보세요.

Day 15 / 칼을 사야 하는 이유

오늘의 본문
눅22:31-38

31 시몬아, 시몬아, 보아라. 사탄이 너희[1]를 밀처럼 체질하겠다고 요구했다.

32 그러나 나는 네가 믿음을 잃지 않도록 너를 위해 기도했다. 네가 돌이키고 나면 네 형제들을 굳세게 하여라.[2]

33 베드로가 대답했습니다. "주여, 저는 주와 함께라면 감옥이든 죽음이든 각오가 돼 있습니다."

34 그러나 예수께서 대답하셨습니다. "베드로야, 내가 네게 말한다. 오늘 닭이 울기 전에 네가 세 번 나를 모른다고 할 것이다."

35 그리고 예수께서 제자들에게 말씀하셨습니다. "지갑이나 가방이나 신발도 없이 내가 너희를 보냈을 때 너희에게 부족한 것이 있었느냐?" 그들이 대답했습니다. "전혀 없었습니다."

36 예수께서 그들에게 말씀하셨습니다. "그러나 지금은 지갑이 있으면 그것을 지니고 가방도 챙겨라. 그리고 만약 칼이 없으면 옷을 팔아서라도 하나를 사라.

37 내가 너희에게 말한다. '그는 무법자들과 한패로 여겨졌다'라고 기록된 말씀이 마땅히 내게 이루어져야 한다. 과연 나에 대해 기록된 말씀이 이제 이루어지고 있다."[3]

38 제자들이 말했습니다. "주여, 보십시오. 여기 칼 두 자루가 있습니다." 예수께서 대답하셨습니다. "그것으로 충분하다."

저자 해설 및 묵상

오늘 읽은 누가복음22장 본문의 앞부분(31-34절)은 예수님께서 베드로의 부인을 예언하시는 장면을 기록합니다. 이 부분에 대한 설명과 묵상은 후에 베드로가 실제로 예수님을 부인하는 장면(54-62절)을 다룰 때 함께 나누도록 하겠습니다. 오늘은 35-38절, 특히 칼에 대한 예수님의 말씀에 집중하도록 합니다.

> 저자 해설 및 묵상

주님은 제자들에게 전에 말씀하신 것(9:3; 10:4)과 달리, 이제는 지갑을 챙기고 가방도 챙기며 칼을 준비하라고 명령하십니다. 주님의 업데이트된 명령은 제자들이 이제 새로운 국면에 놓이게 됨을 암시합니다. 그럼 왜 예수님께서 칼 두 자루를 준비하라고 하셨을까요?

이 말씀은 해석하기에 따라 상당한 오해를 불러일으킬 수 있는 말씀입니다. 혹시라도 예수님께서 무장 혁명을 염두에 두고 칼을 준비하라고 하신 것일까요? 아닙니다. 만약 예수님께서 무장 혁명을 염두에 두셨다면 두 자루가 아니라 적어도 수십 또는 수백 자루는 준비하라고 명령했을 것입니다. 우리는 여기서 예수님이 '칼 두 자루'면 충분하다고 말씀하신 데 주목해야 합니다(38절). 더욱이 예수님은 22:49-51(마26:52-54 참조)에 기록된 대로 체포 당하시는 과정 중에 오히려 칼의 무력적 사용을 막으셨습니다.

그러므로 본문 36절에서 예수님이 언급하신 '칼'의 용도는 열심당 스타일의 무력항쟁이 아니라 장거리 여행 준비로 보아야 합니다. 당시 로마제국에서 여행할 때, 칼은 마땅히 준비해야 하는 물품 중 하나로 여겨졌습니다. 본문 36절에서 함께 언급된 지갑과 가방이 그랬듯 말입니다. 35절에서 예수님이 과거에 제자들을 파송하셨던 일(9:1-6; 10:1-12)을 언급하신 점을 고려할 때, 36절 역시 제자들의 여행을 염두에 두고 하신 말씀으로 볼 수 있습니다. 즉 지갑과 가방, 그리고 칼을 함께 준비하라고 하신 명령은 제자들이 성

> **저자 해설 및 묵상**

령 강림 후에 감당하게 될 선교사역과 그에 수반되는 장거리 여행을 염두에 두고 준비 차원에서 해 주신 말씀으로 볼 수 있습니다(24:46-48 참조). 물론 이는 누가복음과 사도행전 곳곳에서 드러나는 이방인 선교에 대한 강하고 분명한 관심과도 일치합니다.

이제 예수님은 제자들과 마지막 시간을 보내시고, 정말 참혹하고 끔찍한 십자가의 고통과 죽음의 시간을 앞두고 계십니다. 그런데 우리 주님은 가장 마음이 힘들고 고통스러운 이 순간(42절 참조)에도, 십자가 너머의 부활과 승천, 성령 파송, 그리고 성령 강림 후 제자들이 감당하게 될 복음 전파 사역과 그들이 감내해야 하는 장거리 여행까지 미리 내다보시며 말씀하십니다.

참으로 복잡하고 힘든 상황에서도 하나님 나라의 일을 먼저 생각하시고 제자들을 준비시키시는 예수님께 우리는 주목해야 합니다. 하늘 영광 버리시고 인간이 되신 하나님의 아들은 공생애 초기에 친히 열두 제자들을 부르시고 3년 간을 동고동락하시며 가르치시고 양육하심으로 이 땅 가운데 하나님 나라를 세워갈 일꾼들을 준비하셨습니다. 십자가와 부활의 복음이 땅끝까지 선포되는 세계 선교의 역사를 준비하셨습니다. 그리고 체포와 죽음으로 이어지는 절박한 시점에서도 그 일을 위해 제자들에게 당부하십니다.

우리는 너무 쉽게 당면한 문제와 어려움에 파묻혀 버립니다. 거기다가 모든 것을 내가 당면한 문제 중심으로 생각하는 경향이 있습니다. 거기서 조금 더 확대해 본다고 해도, 대부분 내 가족이나 친구 몇 사람을 넘어서지 못하는 경우가 많습니다. 그러나 당면한 고난과 어려움 너머, 세계선교와 하나님 나라의 일들을 멀리 내다보시며 제자들에게 당부하신 주님의 본을 따라, 우리 역시 당면한 어려움과 고난 너머 하나님이 지금 이루어가시며 또 장차 이루실 일들을 바라봐야 합니다. 이렇게 멀리 내다보는 사람이 주의 나라를 위해 준비된 그릇이 될 수 있습니다. 고단한 삶 가운데서도 자기 자신의 상황에 지나치게 함몰되지 않고 주변 사람들을 챙기고 진심으로 배려하는 것이 예수님의 제자 된 표식입니다.

> 저자 해설 및 묵상

---

1 눅22:31에 사용된 "너희"는 2인칭 복수형이다. 그러니까 "사탄이 ... 밀처럼 체질하겠다고 요구"한 것은 단지 베드로뿐 아니라 제자들 전체다(마26:31-35, 특히 31-32, 35절은 이 대화가 단지 예수님과 베드로 두 사람만이 아니라 제자들 전체를 포함하는 대화였음을 알려준다). 오늘 본문 눅22:32에 기록된 예수님 말씀("네[베드로]가 돌이키고 나면 네 형제들을 굳세게 하여라.")은 베드로가 회복된 후(요21장 참조)에 동료 제자들을 잘 이끌고 격려하라는 말씀으로 해석할 수 있다.

2 머지않아 베드로가 세 번이나 거듭해서 자신과의 관계를 전면 부인할 것을 아셨지만(22:34), 그런데도 믿음이 송두리째 흔들릴 베드로가 돌이키고 난 이후에는 형제들의 믿음을 세우는 일을 감당하도록 이 시점에서 미리 말씀하신 것은, 곧 처절히 실패할 제자를 향한 예수님의 사랑과 자비를 생동감 있게 잘 보여준다(요21 참조).

3 이사야53:12의 인용이다.

묵상과 적용을 위한 질문 1	스스로 어려움과 도전에 봉착했을 때, 자기 연민에 빠져 자신의 일에만 몰두했던 경험을 솔직하게 적어보세요.

묵상과 적용을 위한 질문 2	임박한 십자가 죽음을 앞두시고 제자들이 감당하게 될 장거리 선교여행을 위해 당부하시는 예수님을 보면서 무엇을 느낍니까? 그런 예수님의 모습이 오늘 우리의 삶을 어떻게 새롭게 조명해 줍니까?

나/만/의/묵/상/메/모

- 오늘 묵상을 통해 주시는 은혜와 감동에 대해 자유롭게 기록해 보세요.

저자와 함께 하는 한 줄 기도

기도와 결단

> 당면한 문제에 파묻히지 말고, 예수님처럼 주변을 돌아보고 하나님의 일을 준비케 하소서.

- 오늘 묵상한 말씀의 적용과 삶의 결단을 담아 자신의 기도를 적어보세요.

Day 16 / 복된 소식의 신비

오늘의 본문
눅22:37

37 내가 너희에게 말한다. '그는 무법자들과 한패로 여겨졌다'라고 기록된 말씀이 마땅히 내게 이루어져야 한다. 과연 나에 대해 기록된 말씀이 이제 이루어지고 있다.

저자 해설 및 묵상

예수님은 본문에 기록된 대로, 구약성경(사53:12)의 말씀이 자신의 삶 가운데서 성취되고 있음을 아셨습니다.

"그러므로 나는 그에게 많은 사람들을 몫으로 나눠 주고 강한 사람들을 전리품으로 나눠 주겠다. 그가 자기 목숨을 죽음으로 내던지고 죄 지은 사람들 가운데 하나로 여겨졌으며 많은 사람의 죄를 대신 지고 죄 지은 사람들이 용서를 받도록 중재를 했기 때문이다"(사53:12)

예수님은 당시 유대인들이 성경을 인용하던 방식대로, 해당 구절의 일부(여기서는 사53:12의 한 부분)만을 인용하시면서 그 구절 전체(52:13-53:12)를 상기시키십니다. 이를 통해 예수님은 선지야 이사야가 말했던 '고난 받는 종'과 자기 자신을 동일시하십니다.

그리스도께서는 '고난 받은 여호와의 종'에 대한 이사야 53장의 말씀이 바로 자신을 통해 성취됨을 말씀하십니다. 죄 없으신 하나님의 아들께서는 자신이 하나님 백성의 죄(그리고 그들이 대표하는 인류의 죄)를 대신 지고 죽으심을 말씀하십니다.

> 저자 해설 및 묵상

누가는 예수님의 신성(divinity)에 대해 거듭 이야기합니다. 예를 들어, 누가복음1:76, 3:4을 이사야40:3과 비교해 보면 누가가 예수님을 신적 존재로 이해하고 있음을 알 수 있습니다. 이사야40:3에서 '주의 길'은 여호와 하나님의 길을 의미합니다. 그리고 이를 인용한 누가복음1:76, 3:4의 '주의 길'은 다름 아닌 예수 그리스도의 길을 의미합니다. 누가는 이러한 기독론적 구약 인용을 통해, 예수 그리스도와 여호와 하나님의 정체성을 의도적으로 중첩시킵니다. 그리고 이를 통해 예수 그리스도가 신적 존재이심을 드러내 줍니다. 또 하나의 예로 누가복음5:17-26을 보면, 저자 누가는 예수님이 여호와 하나님만이 가진 권세, 즉 죄를 사해 주시는 신적 권위를 갖고 있음을 말합니다.[1]

그와 동시에 누가는, 그처럼 신성(divinity)을 가지신 예수 그리스도께서 가장 저주스럽고 참혹한 사형틀인 십자가에 달려 죽으셨음을 한 치의 주저함 없이 선포합니다. 우리가 연속으로 묵상하고 있는 누가복음22장 그리고 특히 이어지는 23장은 그리스도의 십자가 죽음에 대해 처절할 정도로 생생하게 보여줍니다.[2] 그런데 바로 거기에 복음의 신비가 있습니다. 영광의 주님께서 우리 죄를 대신 지시고 가장 비천하고 저주스럽게 죽임당하신 '그 사건'이 바로 하나님 나라의 복음의 핵심이며 신비입니다. 어떻게 죄 없으신 하나님의 아들이 우리를 대신해서 십자가에서 그렇게 처참하게 죽은 것일까요? 그것이 바로 복음의 신비입니다.

불신자의 기준에서 보면 이런 복음의 신비는 전혀 논리적이지도 않고 설득력도 없을 뿐만 아니라 오히려 어리석고

저자 해설 및 묵상

미련하게 보여서 누구라도 믿기는 고사하고 들어주지도 않을 것처럼 보입니다. 그러나 그렇게 미련한 듯 보이는 그 복음의 신비 속에서 오히려 죄인을 구원하는 능력을 발견하고 확신한 사도 바울은 다음과 같이 말합니다.

"십자가의 말씀이 멸망 당하는 사람들에게는 어리석은 것이나 구원받는 우리에게는 하나님의 능력입니다"(고전1:18)

[중략]

"하나님의 지혜에 있어서는 세상이 자신의 지혜를 통해 하나님을 알 수 없으므로 하나님께서는 어리석게 보이는 말씀 선포를 통해 믿는 사람들을 구원하시기를 기뻐하셨습니다"(고전1:21)

사람들의 눈에 미련하게 보이는 복음으로 영혼들을 구원하시는 것이 하나님의 지혜요, 복음의 신비요 능력입니다. 이 묵상집의 목적은 예수 그리스도의 고난과 부활을 40일 동안 묵상하게 돕는 것입니다. 필자가 간절히 바라고 모든 독자들을 위해 기도하는 것은, 이 40일간의 여정을 통해 우리를 구원하신 예수님과의 관계가 새로워지고, 그 구원의 은총과 감격을 회복할 뿐만 아니라, 우리의 신앙과 삶 가운데 예수 그리스도의 복음이 회복되는 것입니다.

누가와 함께 동역했고 예수님을 만난 후 복음의 신비에 푹 빠져 살았던 사도 바울은 빌립보 성도들에게 옥중서신을 쓰면서 당시로 말하면 '나 같은 죄인 살리신'[3]보다 더 잘 알려진 찬송시를 인용하며 그가 깨닫고 확신한 복음의 신비에 대해서 다음과 같이 말합니다.

"그분은 본래 하나님의 본체셨으나 하나님과 동등 됨을

기득권으로 여기지 않으시고 오히려 자신을 비워 종의 형체를 가져 사람의 모양이 되셨습니다. 그리고 그분은 자신을 낮춰 죽기까지 순종하셨으니, 곧 십자가에 달려 죽으신 것입니다"(빌2:6-8).

하나님 아버지와 동등하신 그의 아들께서 친히 인간이 되시고, 더욱이 인간이 경험할 수 있는 가장 비참하고 저주스러운 죽음을 십자가에서 맞으신 그 사건! 그 복된 사건이야말로 복음의 핵심이요, 본질이요, 신비입니다. 우리도 사도 바울과 누가처럼 하나님의 아들이 직접 인간이 되시고 우리 대신 십자가에서 죽으셨음을 계시하는 복음의 신비에 푹 젖어 이 땅에서 주어진 우리의 시간을 살아야 합니다. 그리고 오늘이 그 새로운 출발점입니다.

저자 해설 및 묵상

---

1 신약의 다른 예로는 아래에 인용된 빌립보서2:6을 보라. 물론 그 외에도 수많은 예가 있다. 위에 제시한 것들은 단지 몇 개의 본보기에 지나지 않는다.
2 공관복음 병행구인 마26-27; 막14-15를 함께 보라. 요한복음 18-19장을 함께 보라. 롬3:21-8:39를 참조하라.
3 새찬송가 305장.

| 묵상과 적용을 위한 질문 1 | 당신은 오늘 하나님과 동등하신 하나님의 아들께서 인간이 되사, 당신 대신 십자가에 죽으신 복음의 신비에 푹 젖어 살고 있나요? |

| 묵상과 적용을 위한 질문 2 | 복음의 신비에 푹 젖어서 살기 위해서는 어떤 부분에 각별히 신경을 써야 할까요? 만일 당신 가운데 복음의 신비에 대한 감수성이 사라졌다면, 그 원인은 무엇일까요? |

나/만/의/묵/상/메/모

- 오늘 묵상을 통해 주시는 은혜와 감동에 대해 자유롭게 기록해 보세요.

저자와 함께 하는 한 줄 기도

기도와 결단

> 오늘 제 삶 가운데 그리고 제 여생 가운데 복음의 신비로 인한 감격이 있게 하소서.

- 오늘 묵상한 말씀의 적용과 삶의 결단을 담아 자신의 기도를 적어보세요.

Day 17 / 기도의 명령(I)
시험에 들지 않게 깨어 기도하기

오늘의 본문
눅22:39-46

39 예수께서 예루살렘 밖으로 나가 여느 때처럼 올리브 산으로 가시자 제자들도 따라갔습니다.[1]
40 그곳에 도착하자 예수께서 그들에게 말씀하셨습니다. "너희가 시험에 빠지지 않도록 기도하라."
41 예수께서는 제자들로부터 떨어져 돌 던지면 닿을 만한 곳으로 가서 무릎을 꿇고 기도하셨습니다.
42 "아버지여, 만일 아버지의 뜻이면 내게서 이 잔을 거두어 주십시오. 그러나 내 뜻대로 하지 마시고 아버지의 뜻대로 되게 하십시오."
43 그때 하늘로부터 천사가 나타나 예수께 힘을 북돋아 드렸습니다.
44 예수께서는 고뇌 속에서 더욱 간절하게 기도하셨습니다. 그러자 땀이 핏방울같이 돼 땅 위에 떨어졌습니다.
45 예수께서 기도를 마치고 일어나 제자들에게 가 보시니 그들은 슬픔에 지쳐 잠들어 있었습니다.
46 예수께서 그들에게 말씀하셨습니다. "왜 자고 있느냐? 일어나 시험에 들지 않도록 기도하라."

저자 해설 및 묵상

유월절 만찬을 마치시고, 제자들에게 여러 가지 의미심장한 말씀을 전하신 예수님(눅22:14-38)은 올리브 산으로 가십니다. 제자들도 예수님을 따라나섭니다(39절). 올리브 산(감람산)[2]에 도착하시자, 예수님은 제자들을 향해 기도하라고 명령하십니다(40절). 하지만 제자들은 슬픔과 피곤함에

> 저자 해설 및 묵상

짓눌려 잠이 들고 맙니다(45절). 그런 제자들에게 예수님은 다시금 기도를 명하십니다(46절). 이 본문(22:39-46)에서 주님이 하신 말씀 중에서 반복되는 부분이 딱 하나인데, 바로 "너희가 시험에 빠지지 않도록 기도하라"는 명령입니다. 그만큼 '기도하라'는 주님의 말씀이 중요하다고 할 수 있습니다. 더욱이 누가복음22:39-46절에서 이 기도의 명령은 단순히 반복되는 것이 아니라, 이 본문의 시작 부분과 말미에 각각 등장함으로써[3] 이 본문의 성격(nature)과 동력(thrust)을 규정해 주고 있습니다.

이 본문 내에는 분명한 대조(contrast)가 포함되어 있습니다. 대조의 대상은 바로 '깨어 기도하는 예수님'과 '기도하지 않고 잠든 제자들'입니다.[4] 예수님은 고뇌 속에서 땀이 마치 피처럼 땅에 뚝뚝 떨어질 때까지 간절히 기도했습니다. 그러나 제자들은 슬픔에 맘이 눌려 잠이 들고 맙니다.

우리 역시 인생 가운데서 이런저런 일들로 고뇌와 슬픔을 경험합니다. 그때 우리는 어떻게 반응합니까? 고뇌와 슬픔에 지쳐 '잠'을 자고 있습니까? 아니면 고뇌의 상황을 직면하면서도 깨어 온 힘을 다해 기도합니까? 이 본문에서 반복되는 '기도하라'(40, 46절)는 주님의 말씀은 한글로 봐도, 영어도 봐도, 그리고 신약성경의 원어인 헬라어로 봐도 분명하게 명령문입니다! 주님은 기도하면 좋겠다고 제자들에게 제안하시는 게 아닙니다. 기도가 선호사항이나 추천사항이라고 말씀하시는 게 아닙니다. 심지어 기도를 '강추'(강력 추천)한다고 말씀하시는 것도 아닙니다. 주님께서는 수정같이 분명한 언어로 기도를 명령하십니다. 그리고 이 명령

> 저자 해설 및 묵상

에 대해서는 오직 두 가지 반응만이 가능합니다. 바로 순종과 불순종입니다. 여러분은 주님의 기도 명령에 어떻게 반응하시겠습니까? 순종으로 반응하시겠습니까? 아니면 불순종으로 반응하시겠습니까?

도전과 시험에 직면할 때, 우리는 하나님께 기도해야 합니다. 상황이 우리를 짓누를 때, 걷잡을 수 없는 고뇌가 찾아올 때, 슬픔의 무게가 견디기 어려울 때, 우리는 기도의 자리로 나아가야 합니다. 예수님께서 올리브산에서 기도의 본을 우리에게 친히 보여주셨습니다. 주님께서는 올리브산에서 자신이 가르치신 기도(주기도문)를 몸소 실천(practice)하시고 시연(exhibit)하셨습니다.

"시험에 빠지지 않도록 기도하라"는 주님의 말씀은, 만일 우리가 기도하지 않으면 시험에 빠진다는 뜻을 담고 있습니다. 시험에 빠지지 않고 이를 극복, 돌파하기 원한다면 기도해야 합니다. 우리에게는 기도가 그만큼 절실합니다. 우리 중 시험에 빠지기 원한다고 선언하는 사람은 없겠지만, 만일 깨어 기도하지 않는다면 '시험에 빠져도 좋다'는 선언을 (적어도 소극적으로는) 하고 있는 셈입니다.

우리가 시험을 극복하고 돌파하기 원한다면, 이제 영적인 잠에서 일어나 기도해야 합니다. 고통과 고뇌를 주고 슬픔과 신음을 안겨주며 도전과 시험을 불러오는 그런 상황을 피할 수 없는 경우들이 종종 있습니다. 그런 상황 한복판에 머물며 우리의 자리를 굳건히 지키는 것이 하나님 뜻이고 우리의 소명인 경우가 있습니다. 그런 경우에 우리가 문제의 상황을 즉시 바꿀 수 없는 경우가 대부분입니다. 그러나 그 가운데서 우리가 할 수 있는 일이 한 가지 있습니다. 바로 그 시험의 한복판에서 하나님께 기도 드리는 것입니다. 예수님께서 친히 보여주신 그 본대로 말입니다. 오늘 주님의 말씀에 귀를 기울이시기 바랍니다. "왜 자고 있느냐? 일어나 시험에 들지 않도록 기도하라!"[5]

> 저자 해설 및 묵상

---

1 올리브산으로 올라가는 데는 15분 이상이 소요된다.
2 마태는 이 장소가 구체적으로 '겟세마네'였다고 밝힌다(마26:36). 겟세마네는 올리브산(감람산) 아래쪽에 위치했다.
3 이를 문학/수사용어로는 수미상관법(inclusion)이라고 한다.
4 예수님의 기도하시는 모습은 눅5:16에도 나타난다. 예수님은 바쁜 사역 일정 가운데 시간을 내어 외딴 곳에 가셔서 기도의 시간을 가지셨다.
5 눅21:34-36을 함께 참조하라. 여기서 예수님은 종말의 때에 관해 말씀하시며 기도하고 늘 깨어 있도록 명하신다.

| 묵상과 적용을 위한 질문 1 | 당신의 삶과 신앙에서 '기도'를 얼마만큼 중요하게 생각하시나요? 만일 기도가 실제로는 그리 큰 비중을 차지하지 않고 있다면, 왜 그런 것일까요? |

| 묵상과 적용을 위한 질문 2 | 시험에 직면할 때, 어떤 행동을 제일 먼저 취하시나요? 그런 상황 가운데 기도가 차지하는 비중은 얼마나 되는가요? |

나/만/의/묵/상/메/모

- 오늘 묵상을 통해 주시는 은혜와 감동에 대해 자유롭게 기록해 보세요.

저자와 함께 하는 한 줄 기도

기도와 결단

> 주여! 우리의 심령에 기도의 각성이 있게 해 주소서.

- 오늘 묵상한 말씀의 적용과 삶의 결단을 담아 자신의 기도를 적어보세요.

Day 18 / 기도의 명령(2)
주의 은혜를 힘입어 기도하기

오늘의 본문
눅22:39-46

39 예수께서 예루살렘 밖으로 나가 여느 때처럼 올리브 산으로 가시자 제자들도 따라갔습니다.
40 그곳에 도착하자 예수께서 그들에게 말씀하셨습니다. "너희가 시험에 빠지지 않도록 기도하라."
41 예수께서는 제자들로부터 떨어져 돌 던지면 닿을 만한 곳으로 가서 무릎을 꿇고 기도하셨습니다.
42 "아버지여, 만일 아버지의 뜻이면 내게서 이 잔을 거두어 주십시오. 그러나 내 뜻대로 하지 마시고 아버지의 뜻대로 되게 하십시오."
43 그때 하늘로부터 천사가 나타나 예수께 힘을 북돋아 드렸습니다.
44 예수께서는 고뇌 속에서 더욱 간절하게 기도하셨습니다. 그러자 땀이 핏방울같이 돼 땅 위에 떨어졌습니다.
45 예수께서 기도를 마치고 일어나 제자들에게 가 보시니 그들은 슬픔에 지쳐 잠들어 있었습니다.
46 예수께서 그들에게 말씀하셨습니다. "왜 자고 있느냐? 일어나 시험에 들지 않도록 기도하라."

저자 해설 및 묵상

시험에 들지 않게 일어나 기도하라는 주의 말씀은, 기도의 중요성을 상기시켜 줍니다. 우리가 시험에 빠지지 않으려면 기도해야 합니다. 깨어 기도하지 않으면 영적 싸움에서 승리할 수 없습니다. 그러나 혹시라도 여기서 율법주의적인 이해, 혹은 공로주의적 이해를 갖는다면 곤란합니다. '내가 이

저자 해설 및 묵상

만큼 많이 기도했으니까 내가 기도한 공덕으로 영적으로 승리하고 축복을 누릴 거야'라는 식의 그릇된 이해 말입니다. 우리가 승리하는 삶을 누리고, 영적 축복을 누리는 것은 '십자가'에서 궁극적으로 계시된 주님의 은혜 때문입니다. 그 은혜를 누리게 해 주는 방편이 바로 기도입니다. 앞서 베드로가 예수님과의 관계를 부인할 것을 예언하시는 대목에서 주님은 베드로를 위해 기도하셨음을 언급하십니다.

"시몬아, 시몬아, 보아라. 사탄이 너희를 밀처럼 체질하겠다고 요구했다. 그러나 나는 네가 믿음을 잃지 않도록 너를 위해 기도했다. 네가 돌이키고 나면 네 형제들을 굳세게 하여라"(눅22:31-32)

이 말씀을 대하면서 베드로를 위해서 기도해 주시는 예수님의 은혜에 대해 간과해선 안 됩니다. 나아가 우리를 위해 기도해 주시는 대제사장 예수님의 은혜에 대해 잊지 말아야 합니다(히4:14-16).

베드로가 신의를 저버리고 자신을 부인할 것을 알면서도 여전히 그를 품어 주시는 모습에서도 주님의 놀라운 은혜를 엿볼 수 있습니다. 필자 같으면 베드로 같은 인간을 다시 용납하지 않을 것 같습니다. 그가 세 번이나 거듭 예수님과의 관계를 부인하지 않았습니까? "너 같은 녀석, 난 모른다. 괜히 험한 꼴 당하기 전에 다른 데 가봐라" 할 것 같습니다. 그러나 주님은 베드로가 자신을 부인할 것을 다 아시면서도 그에게 앞으로 돌이킬 기회가 있다고 미리 말씀해 주십니다. 그리고 그렇게 베드로를 은혜로 품으셨던 예수님은 바로 다음 날 그를 위해 십자가에서 대신 죽으셨습니다. 베

> 저자 해설 및 묵상

드로에게(그리고 우리에게) 돌이킬 기회가 있는 것은 예수님이 베드로를 위해(그리고 우리를 위해) 십자가에 피 흘리시고 몸 찢기심으로 새 언약을 이루셨기 때문입니다.

우리의 기도는 주님의 은혜를 대체하는 수단이 아니라, 주님의 은혜의 방편이요 통로입니다. 우리는 주님의 은혜를 대체하기 위해서 기도하는 게 아닙니다. 우리는 주님의 은혜에 근거하여 기도를 드리는 것입니다. 주님이 은혜로운 분이 아니시라면, 주님이 베드로의 (그리고 우리의) 처절하고 어이없는 실패까지 품어주시는 분이 아니시라면, 그리스도께서 십자가에서 우리 대신 피 흘리고 몸 찢겨져 죽어 주실만큼 은혜로우신 분이 아니시라면, 우리의 기도는 아무 소용이 없을 것입니다. 그러나 주님은 참으로 은혜의 주님이시며, 그렇기에 우리의 기도가 중요하고 의미 있습니다. 이번 말씀묵상 여정 가운데 우리 주님의 은혜를 의지하여 기도에 힘쓰는 저와 여러분이 되기를 간절히 바랍니다.

저자 해설 및 묵상

기도와 제자도

우리는 순종, 섬김, 희생, 봉사 등을 제자도와 종종 연관시킵니다. 그러한 연관성은 신약성경을 통해 분명하게 입증됩니다(막8:34; 10:45). 그러나 기도를 제자도와 연관시키는 예는 우리 주변에 의외로 흔치 않습니다. 우리는 예수님께서 이 땅에 계실 때, 기도의 사역자로 사셨음을 잊지 말아야 합니다. 우리가 그런 예수님을 따르고자 한다면, 그의 기도의 본을 좇아야 합니다. 제자들은 감람산을 향해 가시는 예수님을 좇아 갔습니다(눅22:39). 그들은 물리적으로는 분명 예수님 곁에 있었습니다. 그러나 영적으로는 예수님과 분리되어 있었습니다. 예수님께서 기도의 자리로 나아가실 때, 제자들을 그만 잠이 들고 맙니다. 그들 앞에 펼쳐질 사건들의 중대함을 제대로 인식하지 못한 채, 잠이 들고 맙니다. 제자들의 잠은 사실 물리적 측면 외에 영적인 측면을 내포하고 있습니다. 깨어 기도하라는 주님의 명령에도 불구하고 다가오는 일들의 심각성을 감지하지 못 한 채 이처럼 잠에 빠졌다는 사실은 그들이 영적으로 무뎌져 있음을 드러냅니다. 기도의 제자도, 우리 삶에 있어 그 현주소는 무엇입니까? 우리는 기도가 제자도임을 꼭 기억해야 합니다.

| 묵상과 적용을 위한 질문 1 | 주님의 은혜와 우리의 기도의 책무 사이에는 어떤 관계가 존재하나요?

___

___

| 묵상과 적용을 위한 질문 2 | 기도를 율법적 혹은 공로주의적으로 오해했던 경험과 주님의 은혜가 당신을 기도의 자리로 이끌었던 경험을 각각 한 가지씩 적어보세요.

___

___

나/만/의/묵/상/메/모

• 오늘 묵상을 통해 주시는 은혜와 감동에 대해 자유롭게 기록해 보세요.

저자와 함께 하는 한 줄 기도

기도와 결단

> 주여! 주님의 은혜에 푹 빠져 기도하게 하소서.

- 오늘 묵상한 말씀의 적용과 삶의 결단을 담아 자신의 기도를 적어보세요.

Day 19 기도의 명령(3) 하나님의 뜻 우선으로 기도하기

오늘의 본문
눅22:41-42

41 예수께서는 제자들로부터 떨어져 돌 던지면 닿을 만한 곳으로 가서 무릎을 꿇고 기도하셨습니다.
42 "아버지여, 만일 아버지의 뜻이면 내게서 이 잔을 거두어 주십시오. 그러나 내 뜻대로 하지 마시고 아버지의 뜻대로 되게 하십시오."

저자 해설 및 묵상

예수님께서는 자신이 직면하신 시험과 도전의 상황 가운데, 하나님 아버지 앞에 무릎을 꿇고(눅22:41) 기도하십니다. 예수님의 무릎 꿇으심은 하나님 아버지에 대한 그의 철저한 헌신과 순복을 의미합니다. 우주의 모든 존재가 그 이름 앞에 무릎 꿇고, 모든 입술이 주(主)로 고백할 대상인 하나님의 아들(빌2:10-11) 예수님은, 이 땅에 오셔서 사시는 동안 철저하게 하나님 아버지 뜻에 순종하셨습니다. 예수님은 극도의 내면적 고통과 압박 가운데서도 자기 뜻이나 그 누구의 뜻이 아닌, 하나님 아버지의 뜻이 이루어지도록 기도하십니다. "아버지여, 만일 아버지의 뜻이면 내게서 이 잔을 거두어 주십시오. 그러나 내 뜻대로 하지 마시고 아버지의 뜻대로 되게 하십시오"(42절).

예수님이 받으셔야 하는 '잔'[1]은 창조주께 반역한 죄악 된 인류를 대신하여 감당하셔야 하는 하나님의 엄중한 진노와 심판을 뜻했습니다. 그리고 십자가에서의 참혹한 고통과 죽음 그리고 하나님 아버지로부터의 단절을 의미했습니다. 예수님은 그 진노와 고통의 '잔'을 직면하시면서도, 하나님 아버지의 뜻이 이루어지기를 구하십니다. 아버지의 뜻이라면 그 '잔'을 거두어 달라고 솔직하게 마음을 털어놓으십니다. 하지만 그 와중에도 아버지의 뜻이 이뤄지게 해 달라고 기도하십니다.

> 저자 해설 및 묵상

우리 역시 당면한 시험과 도전의 상황 속에서 우리 뜻이나 그 누구의 뜻이 아닌, 하나님 아버지의 뜻이 이루어지도록 기도해야 합니다. 지금 당장에는 우리 뜻이나 다른 어떤 이의 뜻대로 되는 것이 더 좋다고 여겨질지라도, 하나님 뜻대로 되는 것이 가장 선하고 아름다운 길(사 55:9)임을 신뢰해야 합니다. 사실 이것이 기도의 본질입니다.

주님이 알려주신 기도(주기도문)는 먼저 하나님의 뜻이 이루어지기를 구한 후에, 개인과 공동체의 필요를 위해서 기도하라고 가르칩니다(눅11:1-4; 마6:9-13). 하나님의 뜻이 이루어지도록 먼저 구해야 합니다. 그리고나서 하나님의 뜻에 입각해서 우리의 필요를 위해 기도해야 합니다. 이 둘 사이의 우선순위가 뒤바뀌면 매우 곤란합니다. 그렇게 되면, 우리의 필요에 입각해서 하나님의 뜻을 인위적으로 결정하게 됩니다. 사실 그런 예는 우리 주변에서 흔히 발견됩니다. 많은 분들이 자신이 원하는 필요가 채워지기를 위해 간구하지만, 하나님의 뜻이 개인과 공동체와 이 땅 가운데 이루어지는 것에 대해서는 거의 무관심합니다. 그래서 물리적으로는 많은 시간동안 많은 분량의 기도를 하면서도, 기도의 본질을 잃어버리곤 합니다.

저자 해설 및 묵상

예수님께서는 내면과 환경의 압력이 극에 달하는 그 절박한 순간 가운데도, 하나님의 선한 뜻이 이루어지기를 기도하셨습니다. 고뇌와 신음으로 가득한 그 순간에도 아버지의 뜻을 구하셨습니다. 그렇게 예수님은 최고의 기도의 본(주기도문)을 어떻게 실천해야 하는지를 몸소 시연하셨습니다. 기도의 본질은 상황의 변화라기보다 우리 자신의 변화입니다. 기도는 내가 원하는 대로 상황이 확 달라지기를 구하기에 앞서, 하나님의 뜻이 그 상황 가운데 이루어지기를 구하는 것입니다. 그리고 하나님의 뜻을 받아들일 수 있도록, 나 자신이 확 바뀌도록 구하는 것입니다. 하나님 뜻이 우선 되지 않은 기도는 종교적 수사(rhetoric)로 가득 차 있을지언정, 성경적인 뜻에서 참된 기도가 아닙니다. 그것은 사실 요행을 바라는 마술(magic)에 가깝습니다(행19:11-20 참조).

그와 대조적으로, 예수님의 올리브산(감람산)의 기도는 하나님 뜻을 우선으로 삼습니다. 예수님은 하나님의 뜻이 이루어지기를 구하셨습니다. 자신이 십자가에 달려 하나님 아버지와의 사랑의 관계로부터 분리되며 인류의 죄에 대한 하나님의 엄중한 심판의 잔(42절)을 친히 감당하셔야 하더라도, 그것이 하나님의 뜻이라면 그 뜻 그대로 이루어지기를 구하셨습니다. 그리고 그가 구하신 하나님 아버지의 뜻대로 십자가를 지고, 골고다에서 인류의 죄(즉 우리의 죄)를 친히 대속하셨습니다(눅23:26-49 [22:14-23; 빌2:8 참조]).

오직 죄 없으신 예수 그리스도만이 인간의 죄를 대속할 수 있습니다(히7:26-27 참조). 우리 중 그 누구도 예수님처럼 다른 사람의 죄를 대속할 수 없습니다(행4:12 참조). 우리는 죄인이기에 설사 십자가에 자발적으로 못 박혀 죽더라도 우리 자신의 죄조차 속하지 못합니다.[2] 그러나 우리가 할 수 있는 게 한 가지 있습니다. 바로 예수님의 본을 따라 하나님의 뜻이 이루어지기를 기도하는 것입니다. 절박한 상황의 압력을 직면하고 극한 내면의 고통을 마주하는 가운데서도 하나님의 뜻을 먼저 구하는 것입니다. 하나님의 뜻이 우리에게 고난과 희생을 뜻할지라도 이를 그대로 받아들이고, 하나님의 뜻이 절대적으로 선함을 신뢰하며, 그의 뜻이 이루어지기를 구하는 것입니다.

> 저자 해설 및 묵상

---

1 '잔'은 구약에서 종종 하나님의 진노를 가리키는 데 사용되었다(시75:8; 사51:17; 렘25:15; 49:12; 애4:21; 슥12:2 참조). 누가는 여기서 특별히 하나님께 반역하고 그를 대적한 인간들 대신 당하신 예수 그리스도의 대속적 고난과 죽으심을 가리키는데 '잔'이라는 이미지를 사용한다(눅22:20; 마20:22-23//막10:38-39 참조).

2 인간 그 누구도 하나님 뜻에 완전하게 복종치 못한다. 그래서 하나님의 영광에 이르지 못한다. 필자와 독자들 역시 하나님 뜻에 완전하게 복종하지 못 한다(롬1:18-3:20). 그러나 예수님은 이 땅에서 사시면서 우리 대신 하나님의 뜻에 온전히 순종하셨다. 십자가에 달려 가장 저주스럽고 처참한 죽음을 죽기까지도 하나님께 완전히 순종하셨다(빌2:8). 그렇게 하심으로써 하나님께 대한 자신들의 불순종과 반역을 인정하고 십자가에서 드려진 예수님의 온전한 순종을 의지하는 자들에게 구원의 길을 여셨다(롬3:21 이하 참조). 이에 대한 분명하고 확실한 이해가 있어야 제자도를 율법주의적으로 오해하는 일을 방지할 수 있다.

| 묵상과 적용을 위한 질문 1 | 당신의 기도를 한 문장으로 요약하면 어떤 내용입니까? |

| 묵상과 적용을 위한 질문 2 | '아버지의 원대로 마옵시고 나의 원대로 되기를 원하나이다' vs '나의 원대로 마옵시고 아버지의 원대로 되기를 원하나이다' 오늘 당신의 기도는 이 둘 중 어느 쪽에 가까운가요? |

나/만/의/묵/상/메/모

- 오늘 묵상을 통해 주시는 은혜와 감동에 대해 자유롭게 기록해 보세요.

저자와 함께 하는 한 줄 기도

기도와 결단

> 주여! 내 필요와 원함에 앞서 하나님의 뜻을 먼저 구할 수 있도록 제 심령을 만져 주소서.

- 오늘 묵상한 말씀의 적용과 삶의 결단을 담아 자신의 기도를 적어보세요.

Day 20 / 세상의 방식 vs 예수님의 방식, 그 극명한 대조

오늘의 본문
눅22:47-53

47 예수께서 아직 말씀하고 계실 때 한 무리의 사람들이 나타났습니다. 열두 제자 중 하나이며 유다라 불리는 사람이 그들을 이끌고 온 것입니다. 그가 예수께 가까이 다가와 입을 맞추었습니다.
48 그러자 예수께서 그에게 물으셨습니다. "유다야, 네가 입맞춤으로 인자[1]를 배반하려느냐?"
49 예수 곁에 있던 제자들이 돼 가는 일을 보고 예수께 "주여, 우리가 칼로 칠까요?"라고 물었습니다.
50 그러고는 그중 하나가 대제사장의 종의 오른쪽 귀를 잘라 버렸습니다.
51 그러자 예수께서 대답하셨습니다. "그만둬라!" 그리고 그 종의 귀를 만져 고쳐 주셨습니다.
52 그리고 예수께서 자신을 체포하러 온 대제사장들과 성전 경비대장들과 장로들에게 말씀하셨습니다. "너희가 강도를 잡듯이 칼과 몽둥이를 들고 나왔느냐?
53 내가 날마다 성전에서 너희와 함께 있었으나 너희는 내게 손도 대지 않았다. 그러나 지금은 너희 때요, 어둠이 기세를 부릴 때다."

저자 해설 및 묵상

누가복음22:47-53은 예수님의 체포 장면을 생생하게 그려줍니다. 이 장면에서 '세상'의 방식(마귀의 방식 [53절 참조])과 예수님의 방식이 서로 극명한 대조를 이룹니다.[2] 세상의 방식은 거짓으로 가득 차 있습니다. 유다는 스승에 대한 존경과 사랑을 표현하는 입맞춤으로 예수님께 인사를 건네지만, 그의 속내는 예수님을 체포하여 성전 지도자들에게 넘기는 데 있습니다. 겉으로 보여지는 친근한 행동과 실제 속마음이 서로 극명한 대조를 이루고 있습니다. 예수님은 이런 위선적이고 속임수로 가득 찬 방식을 참으로 싫어하셨습니다. 예수님이 바리새인들을 심하게 책망하신 이유가 바로 여기에 있었습니다(눅11:39-44). 그런 속임수로 가득 찬 모습이 성급하게 진행되는 예수님의 체포와 재판 과정 가운데서도 잘 드러납니다(마26:4 참조). 밤에 예수님을 대제사장의 집으로 데려간 것(눅22:54)은 당시 유대인들이 따르던 재판의 규칙이 제대로 준수되지 않았음을 보여줍니다. 또한 유죄판결이 나오지도 않았는데 예수님을 채찍으로 가격한 것 역시 유대인들의 재판 규범이 제대로 적용되지 않았음을 보여줍니다(63-65절). 명절에 날이 새자마자 공회가 소집되는 것도 일상적인 일이 아닙니다(66절). 대제사장이 중심이 된 공회가 이미 결론을 다 내려놓은 채, 예수님이 스스로 자신의 유죄를 입증하도록 유도하고 강압하는 것 역시 유대인의 재판 규범에 어긋나는 것이었습니다(67-68, 70-71절). 이처럼 은밀하고 성급하며 편법적으로 진행된 예수님의 체포 및 재판장면과 성전에서 모든 이들이 보는 가운데 떳떳하고 당당하게 가르침을 주셨던 예수님의 모습은 서로 분명한 대조를 이룹니다(53절상; 막11:27-12:44 및 공관복음 병행구).

　　죄악 된 '세상'의 방식(마귀의 방식)은 자신이 가진 힘으로 무죄한 이를 억압하는 것을 정당화합니다. 강도가 아닌 이도 마치 '강도를 잡듯이 칼과 몽둥이'(52절)가 상징하는

저자 해설 및 묵상

저자 해설 및 묵상

그 강압적 힘으로 눌러버리려 듭니다.

이처럼 '세상'의 방식에 노예가 된 이들은 아무 흠 없고 죄 없으신 예수님을 무력으로 눌러 체포하려 듭니다. 칼과 몽둥이가 강도를 체포하는 데는 필요하겠으나(롬13:1-7 참조), 예수님은 거기서 거리가 멀어도 너무나 먼 분입니다. 후에 예수님과 함께 십자가에 달린 한편 강도가 인정했듯이 말입니다(눅23:41).

불법적이고 강압적인 체포가 시도되며 심지어 제자 중 하나는 그에 대한 반격으로 칼까지 마구 휘두르는 이런 상황 가운데 필자와 여러분이 놓여 있다면 어떻게 행동할까요? 그런 가운데 놓여 있다면 무력으로 반격을 하며 상대에게 타격을 입히고 상해를 가하는 것이 인간적인 관점에서는 오히려 자연스럽게 여겨집니다. 그러나 예수님은 도리어 그의 제자 중 한 명에게 반격을 당하여 오른쪽 귀가 잘린 대제사장 종의 귀를 만지시며 직접 그를 고쳐 주십니다.

극도의 분노가 치밀어 오르고 강하게 반격하고자 하는 맘이 반사적으로 작동해야 할 그 순간, 예수님은 세상의 방식을 철저하게 거부하셨습니다! 극도의 내적 압박이 존재하는 그 순간에도 이웃사랑, 더 나아가 원수 사랑을 실천하셨습니다. 그렇게 자신을 핍박하는 이들을 돌보시고 고치시는 모습을 우리를 위해 몸소 시연하셨습니다(눅22:51). 자신을 죽이려고 찾아온 대제사장의 종까지 도리어 치유해 주신 예수님이, 바로 우리가 믿고 따르는 구원자요 주님이십니다(롬5:8 참조). '악에게 지지 않고 선으로 악을 이기는 것'(롬12:21) 즉, '십자가'가 바로 예수님이 승리하시는 방식입니

다!(골2:13-15 참조)

　오늘 본문에 기록된 예수님의 체포장면은 예수님의 방식과 세상의 방식이 서로 얼마나 다른지를 선명하게 보여줍니다. 극도의 내면적, 외부적 압박이 존재하는 그 순간에도 세상적 방식에 굴복하지 않으시고 이웃사랑, 원수 사랑을 보여주신 예수님이 바로 우리 구원자이시고 우리 주님이십니다. 그리고 예수님의 제자로서 우리 역시 여러 내면적, 외부적 압력들 가운데서도 예수님의 방식을 선택하고 주님의 본을 따라 이웃사랑, 나아가 원수 사랑을 실천해야 합니다. 자신들이 실제로는 어둠의 세력의 일꾼이 된 줄도 모른 채, 주어진 힘을 마구 휘두르는 대제사장과 종교권력자들처럼 되지 말아야 합니다. 주 예수님의 길, 그리스도의 방식을 따라가야 합니다.

저자 해설
및 묵상

1 '인자'는 다니엘서7:13-14에 기반한 예수님의 자기 호칭으로, 그리스도의 신적 권위 그리고 그의 고난과 죽음을 포괄하는 매우 중요한 기독론적 호칭이다. 이 호칭은 주로 사복음서에 등장한다.
2 53절 마지막 부분("지금은 너희 때요, 어둠이 기세를 부릴 때다")에서 "너희(성전권력자들) 때"와 "어둠이 기세를 부릴 때"가 서로 병치, 연결되고 있음에 주목하라. 1세기 당시 유대교 내에서 정치-종교적으로 가장 영향력 있는 동시에 하나님의 임재가 거한다는 성전에서 섬겼던 이들이 어둠의 세력 일에 앞잡이가 된 것은 우리에게 경종을 울리는 측면이 있다. 종교적 열정이 실은 빛의 일이 아닌, 어둠의 일에 대한 열심에서 비롯될 수 있음을 깨달으며 매일 주님 앞에 깨어 지내야 하겠다.

묵상과 적용을 위한 질문 1	예수님의 체포 장면을 통해 무엇을 배웠습니까? 제자 중 한 명이 대제사장 종의 귀를 칼로 쳐서 잘랐을 때 그로 인한 복수의 후련함을 느끼는 것이 아니라 도리어 그 종을 만져 치유하신 예수님의 모습이 당신에게 오늘 어떤 가르침을 던져줍니까?

묵상과 적용을 위한 질문 2	그간 당신이 삶과 신앙 가운데 경험한 예수님의 방식과 '세상'의 방식은 서로 어떻게 다릅니까? 당신의 삶 가운데 예수님의 방식와 세상의 방식이 어떻게 공존하고 있습니까? 그 가운데 어떻게 하면 세상의 방식이 아닌 예수님의 방식을 좇을 수 있습니까?

나/만/의/묵/상/메/모

- 오늘 묵상을 통해 주시는 은혜와 감동에 대해 자유롭게 기록해 보세요.

저자와 함께 하는 한 줄 기도

기도와 결단

> 주여! 오늘 제가 세상의 길이 아니라 예수 그리스도의 길을 따르게 하소서.

- 오늘 묵상한 말씀의 적용과 삶의 결단을 담아 자신의 기도를 적어보세요.

Day 21 맹세와 생존 사이

오늘의 본문
눅22:31-34, 54-62

31 시몬아, 시몬아, 보아라. 사탄이 너희를 밀처럼 체질하겠다고 요구했다.
32 그러나 나는 네가 믿음을 잃지 않도록 너를 위해 기도했다. 네가 돌이키고 나면 네 형제들을 굳세게 하여라.
33 베드로가 대답했습니다. "주여, 저는 주와 함께라면 감옥이든 죽음이든 각오가 돼 있습니다."
34 그러나 예수께서 대답하셨습니다. "베드로야, 내가 네게 말한다. 오늘 닭이 울기 전에 네가 세 번 나를 모른다고 할 것이다."
[중략]
54 그들은 예수를 잡아 끌고 대제사장의 집으로 데려갔습니다. 그러나 베드로는 멀찌감치 떨어져 뒤따라갔습니다.
55 사람들이 마당 가운데 불을 지피고 함께 앉아 있는데 베드로도 그들 곁에 앉았습니다.
56 베드로가 불을 쬐고 앉아 있는 것을 본 한 하녀가 그를 빤히 노려보면서 말했습니다. "이 사람도 예수와 함께 있었습니다."
57 그러나 베드로는 부인하며 말했습니다. "여자여! 나는 그를 모르오."
58 조금 있으려니까 다른 어떤 사람이 베드로를 보고 말했습니다. "당신도 그들 중 하나였지?" 베드로가 말했습니다. "이 사람아! 난 아니란 말이오!"
59 한 시간쯤 지나 또 다른 사람이 "이 사람이 갈릴리 사람인 것을 보니 그와 함께 있었던 게 틀림없다"라며 장담했습니다.
60 그러나 베드로가 말했습니다. "이 사람아! 나는 당신이 대체 무슨 말을 하는지 모르겠소!" 바로 그때 베드로의 말이 채 끝나기도 전에 닭이 울었습니다.
61 주께서 돌아서서 베드로를 쳐다보셨습니다. 그러자 베드로는 "오늘 닭이 울기 전에 네가 나를 세 번 부인할 것이다"라고 하신 주의 말씀이 기억났습니다.
62 베드로는 밖으로 나가 한없이 울었습니다.

> 저자 해설
> 및 묵상

베드로는 예수님과 함께라면 죽음이라도 기꺼이 맞이하겠다고 말합니다. 이미 그에 대해 생각해 보았고 다 준비가 되었다는 듯이 말했습니다. 그렇게 "주와 함께라면 감옥이든 죽음이든 각오가"(33절) 되어 있다고 호언장담하는 베드로에게, 예수님은 "오늘 닭이 울기 전에" 그가 세 번이나 주님과의 관계를 부인할 것이라고 말씀하십니다(34절). '이제 불과 몇 시간 지나지 않아서, 너는 나를 세 번씩이나 연달아 모른다고 잡아뗌으로써 그간 우리의 관계를 전면 부인하게 된다'는 말씀이셨습니다. 그리고 주님의 예언 그대로 베드로는 잠시 후 스승과의 관계를 세 번이나 연거푸 부인합니다.

33절에 기록된 베드로의 이야기만 들으면, 그가 주와 복음을 위해 모든 것을 내려놓고 투옥되고 순교까지 할 각오가 되어 있는 것처럼 들립니다. "주여, 저는 주와 함께라면 감옥이든 죽음이든 각오가 돼 있습니다"(33절).

베드로는 "주와 함께라면 어디든 갈 수 있다"고, "주를 위해서라면 당당히 죽음을 맞이할 준비가 다 되어 있다"고 선포했습니다. 그러나 막상 예수님의 재판 과정 중 자신의 목숨이 위태로워지자, 살고 싶은 맘이 강하게 치솟았습니다. 여종의 말 한 마디에 예수님에 대한 변함없는 헌신을 장담했던 베드로는 무참하게 무너집니다(56-57절). 그리고 거기서 멈춘 게 아니라, 예수님과의 관계를 다시 그리고 또다시 처절하게 부인합니다(58절, 59절). 예수님과의 관계가 밝혀지면 투옥되거나 목숨을 잃을 수 있음을 체감하는 그 찰나, '예수님과 함께라면 무엇이든 감당할 수 있어'라는 앞선 고백과 달리 자신의 생존을 위해 '예수, 그게 누군데?'라고 말

> **저자 해설 및 묵상**

합니다. 마태에 따르면, 베드로가 세 번째로 예수님과의 관계를 부인할 때는 아예 저주하며 맹세했습니다(마26:74). "내가 예수를 안다면 저주받을 거다!"라고 배수의 진을 쳤습니다. 예수를 전혀 모른다고 잡아떼며 자신의 거짓말을 열정적으로 변호합니다. 닭이 울고 주님과 눈이 마주치기 전(눅22:60-61)까지 그렇게 세 번이나 연거푸 예수님과의 관계를 부인하고도 베드로에겐 양심의 가책조차 없었습니다. 특히 두 번째와의 세 번째 부인 사이에는 약 한 시간의 간격이 있었습니다(59절). 그러나 그 사이에도 베드로는 조금도 돌이키지 않았습니다. 그만큼 생존, 아니 잔존의 욕구가 베드로 맘 속에 강했던 것 같습니다. 그 욕구가 너무나 강해서 양심의 소리마저 파묻고 주님이 딱 몇 시간 전에 하신 예언(34절)에 대한 기억마저 억압할 정도로 말입니다. 닭이 울고 주님과 눈이 마주치지 않았다면, 베드로는 그냥 그렇게 불이나 쬐며 예수님과의 관계를 계속 부인하고 있었을지도 모릅니다.

주님의 예언 그대로, 베드로는 예수님과의 관계를 세 번 부인했습니다. 베드로의 부인에 관한 예수님의 예언을 옆에서 같이 들었던 동료 제자들의 입장에서 보면, '주와 같이한다면 감옥이든 순교든 불사하겠다'(33절)고 당당히 선포하는 베드로가 설마 몇 시간 안에 예수님을 세 번이나 모른다고 할까 싶었을 수도 있었을 것입니다. 그러나 베드로의 부인에 관한 예수님의 예언은 그대로 성취됩니다.

생존의 욕구 앞에 주님 앞에서 자기 목숨까지 운운하며 장담했던 베드로의 '충성 서약'(33절)은 백지장보다도 가벼운 것이었습니다. 사실 우리의 충성 서약도 종종 그와 같습니다. 주를 위해 다 내려놓고 모든 것을 감내하겠다고 말하지만, 막상 주를 위해 조금이라도 내려놓아야 하는 상황이 생기면, 손익관계를 따지며 계산기를 두드리느라 바쁩니다. 어떻게든 주어진 상황에서 생존 아니 잔존이라도 해야겠다는 욕구가 예수님에 대한 헌신과 충성을 압도합니다. 모든 것을 잃는 상황은 고사하고, 조금만 손해 보는 일이 생길 것 같으면 그것을 막아보고자 안달을 내다 못 해 거의 경기까지 보입니다. 얼핏 보면 겉으로 멋져 보이지만, 우리의 내면은 예수보다는 자신의 생존을 더 숭배하고 있습니다. 베드로처럼 말입니다.

예루살렘으로 행하시는 여행 중간에 예수님은 "누구든지 내게 오면서 … 자기 생명일지라도 나보다 더 사랑하면 내 제자가 될 수 없다"(눅14:26) 고 말씀하셨습니다. 자기 자신을 학대하라는 뜻이 아니라, 예수님을 자기 목숨보다도 더 소중하게 여겨야 한다는 근본적 진리를 히브리적 어법으로 말씀하신 것입니다. 그런데 그 가르침을 분명 바로 옆에서 들었을 베드로는 아직 자신의 목숨을 예수님보다 더 귀하게 여기고 있습니다. 목숨이 위협받고 생존을 보장받지 못하는 상황이 되자 예수님과의 관계를 전면부인 합니다.

그렇다면 우리는 어떠한가요? 사실 우리가 어떻게 말하는지는 그다지 중요하지 않습니다. 베드로가 했던 말(눅22:33)을 보면, 신학적으로 아주 완벽합니다. 죽음도 불사한다는 그의 각오가 당당하고 멋지게 들릴 뿐 아니라, "주와 함께라면"이라는 표현에서 보여지는 바대로, 주님과의

> 저자 해설 및 묵상

저자 해설 및 묵상

관계에 근거하여 그런 고백을 한 것이기에 정말 준비된 정답처럼 들립니다. 그러나 실제는 달랐습니다. 베드로는 주님과 함께 어디든 갈 준비가 되어 있지 않았습니다. 그 반대로, 필요에 따라 예수님과의 관계를 전면 부인할 준비가 되어 있었습니다. 그것도 한 번이 아니라 완전수인 삼세 번이나 말입니다. 다시 말해, 완전하게 예수님과의 관계를 부인할 준비가 되어 있었습니다. 우리에게로 시선을 돌려 이제 우리의 말이 아닌 내면을 들여다봅시다. '예수님과 함께라면 어떻게 되어도 좋아!'가 우리 내면의 진정한 고백입니까? 아니면 '예수님도 신앙도 내 생존 이후의 문제지!'가 우리 내면의 진짜 노래입니까?

베드로의 당당한 선언이 그저 말뿐인지 아니면 진정한 고백인지를 주님은 분명하게 아셨습니다. 그리고 우리의 당당한 고백 역시 그저 말뿐인지 아니면 진정한 고백인지를 알고 계십니다. 입으로 무엇을 말하는지는 그리 중요하지 않습니다. '주와 함께라면 죽을 준비도 됐다'는 베드로의 답은 말로만 보자면 완벽했습니다. 우리 내면과 삶의 진정한 고백이 무엇인지가 중요합니다.

오늘 예수님과 베드로 사이에 긴장감 느껴지는 대화(눅 22:31-34)와 베드로가 예수님을 세 번이나 거듭 모른다고 하는 모습을 목도하면서(54-62절), 하나님 앞에서 우리 스스로를 돌아보는 시간을 갖기 원합니다. 우리가 정말 베드로처럼 말뿐인지 아니면 우리의 내면이 '예수님과 함께라면 어떻게 되어도 좋아!'라고 참으로 고백하고 있는지 정직하게 자신을 성찰하는 시간을 갖기를 바랍니다. 우리를 지

> 저자 해설
> 및 묵상

배하는 욕구가 예수님과 함께하고자 하는 열망인지 아니면 생존에 대한 열망인지를 성령 안에서 냉철하게 분별하기를 바랍니다. "주 예수보다 더 귀한 것은 없네"라는 우리의 찬양이 진정 우리의 내면과 삶의 노래인지도 솔직하게 점검하는 시간이 되기를 바랍니다.

 자신의 이중성과 과거의 실패 때문에 고민하고 있고 그래서 차마 그런 질문을 스스로에게 던지기조차 어렵다면, "네가 나를 부인할 것이지만 다시 회개하고 돌아올 때는 네 형제를 굳게 하는 일을 해 다오"(22:32; 요21장 참조)라고 미리 베드로에게 말씀하신 주님의 사랑과 포용으로 인해 용기를 내시기 바랍니다. '나 스스로 이것밖에 안 되는구나!'라는 처참하지만 (눅22:62 참조) 실은 복된 인식을 갖고, 당신의 모습 그대로 용기를 내어 사랑의 주 예수님께로 겸손히 나아가시기 바랍니다. 그리고 예수님께 당신의 삶을 다 내맡기시기 바랍니다. 당신의 입술의 말과 내면의 고백이 일치되도록 당신을 포기하시지 않고 계속 빚어가실 은혜의 주 예수님께 모든 것을 다 내어 드리시기 바랍니다. 그리고 특히 당신 자신을 그리스도께 다 내어 드리시기 바랍니다.

묵상과 적용을 위한 질문 1

사실 내면은 그렇지 못 하면서도 베드로처럼 말로 당당하게 선포하며 예수님에 대한 자신의 충성을 장담했던 적은 없었습니까? 오늘 당신의 말과 내면의 고백은 일치합니까? 아니면 종교적 수사와 내면의 영적 상태가 서로 분리 혹은 유리되어 있습니까? 이 둘이 서로로부터 분리, 유리되어 있다면 왜 그렇다고 생각합니까? 그에 대한 해결은 어디서 찾을 수 있나요?

묵상과 적용을 위한 질문 2

마지막으로 위에 있는 '저자 해설 및 묵상'의 마지막 문단을 다시 한 번 읽고, 그에 대한 당신의 생각을 적어보십시오. 가능하면, 요한복음 21장을 함께 읽으십시오.

나/만/의/묵/상/메/모

- 오늘 묵상을 통해 주시는 은혜와 감동에 대해 자유롭게 기록해 보세요.

저자와 함께 하는 한 줄 기도

기도와 결단

> 예수님이 내 생존보다도 더 소중함을 입술뿐이 아니라 제 맘과 삶으로 고백케 하소서.

- 오늘 묵상한 말씀의 적용과 삶의 결단을 담아 자신의 기도를 적어보세요.

Day 22 / 정치적 희생양? 우주의 통치자!

오늘의 본문
눅22:63-71

63 예수를 지키는 사람들이 예수를 조롱하고 때리기 시작했습니다.
64 그들은 예수의 눈을 가리고 물었습니다. "누가 때리는지 알아맞혀 보아라!"
65 사람들은 온갖 말로 예수께 모욕을 해 댔습니다.[1]
66 날이 밝자 백성들의 장로들 곧 대제사장들과 율법학자들이 공회[2]를 소집했고 예수께서 그들 앞에 끌려가셨습니다.
67 그들이 말했습니다. "네가 그리스도라면 그렇다고 우리에게 말해 보아라." 예수께서 대답하셨습니다. "내가 너희에게 말해도 너희는 믿지 않을 것이다.[3]
68 또 내가 너희에게 물어보아도 너희는 대답하지 않을 것이다.[4]
69 그러나 이제부터는 인자가 전능하신 하나님의 오른편에 앉게 될 것이다."
70 그러자 그들이 모두 물었습니다. "그러면 네가 하나님의 아들이란 말이냐?" 예수께서 대답하셨습니다. "내가 그라고 너희가 말하고 있다."
71 그러자 그들이 말했습니다. "더 이상 무슨 증언이 필요하겠소? 우리가 직접 이 사람의 입에서 나오는 말을 들었으니 말이오."

저자 해설 및 묵상

　자기를 지키는 군병들에게 조롱과 구타를 당한 예수님은 끼워 맞추기식의 공회 재판에서 유죄 판결을 받습니다. 공회는 이미 답을 갖고 재판에 임했습니다. 예수님이 무슨 말을 해도 들으려 하지 않은 채(67-68절), 자신들이 정해 놓은 답을 관철하고자 강압, 유도, 조작으로 가득 찬 억지 재판을 진행했습니다(70-71절). 예수님을 죽이기 위해(22:2) 미리 답을 정해 놓고 재판과정을 거기에 끼워 맞춥니다(66-71절). 그리고 예수님은 그들에 의해 재기 불능의 정치적 희생양이 되어버리는 듯 보입니다. 예수님이 참 힘없어 보입니다.

예수님의 재판과정을 읽으면서 마치 빛 없는 어두운 터널을 지나는 듯한 느낌이 드는 가운데 한 줄기 광선이 비춥니다.

"그러나 이제부터는 인자가 전능하신 하나님의 오른편에 앉게 될 것이다"(69절).

"인자가 전능하신 하나님의 오른편에 앉게 될 것"이라고 선언하실 때, 예수님은 다니엘7:13-14과 시편110:1을 복합인용(composite citation) 하십니다. 당시 유대인들은 서로 관련 있는 구약의 구절들을 복합인용하곤 했습니다. 신약의 저자들도 그들의 저술에서 구약을 복합인용 했습니다. 누가복음22:69에 복합인용 된 다니엘7:13-14과 시편110:1은 하나님 아버지 외에 다른 존재가 그와 함께 우주를 통치하는 모습을 그린다는 중요한 공통점을 갖고 있습니다. 이 특별한 존재는 바로 부활하신 하나님의 아들 예수 그리스도이십니다. '인자'라는 예수님의 자기 호칭은 다니엘7:13-14에 등장하는 '인자와 같은 이'에 근거하고 있습니다. "전능하신 하나님의 오른편에" 좌정하는 것에 관한 예수님의 언급은 시편110:1의 인용입니다. 시편110:1은 사실 신약성경에서 가장 자주 인용되는 구약 말씀이면서, 특별히 예수 그리스도가 신적 주권(divine sovereignty)을 갖고 우주를 통치하심을 설명하기 위해 여러 신약의 저자들이 인용한 구절입니다. 시편110:1에다가 '인자'라는 호칭의 근거와 배경이 되는

> 저자 해설 및 묵상

> 저자 해설 및 묵상

다니엘 7:13-14까지 더한다면, 누가복음22:69에 기록된 예수님의 말씀은 다이너마이트와 같은 극한의 영적 파워를 지닌 선언입니다.

제사장 그룹과 서기관 그룹으로 구성된 유대인 공회에 의해 예수님이 정치적으로 희생되는 것처럼 보일지 모르지만, 십자가에 못 박혔던 예수님은 부활 승천하셔서 하늘 우편 보좌에 착석하셔서 성령을 파송하셨고(행2장; 눅24:49 참조), 지금도 우주를 통치하고 계십니다. 예수 그리스도는 힘없이 사라질 정치적 희생양이 아닙니다. 그는 온 우주의 통치자요 역사의 주관자이십니다! 예수님이 그저 정치적 희생양에 불과했다면 누가복음 같은 책이 쓰일 이유가 없었을 것입니다. 예수님이 그저 정치적 피해자에 불과했다면, 예수님이 공회(산헤드린)에 의해 유죄판결을 받는 오늘 본문 역시 기록되지 않았을 것입니다. 공회의 재판을 기록한 오늘 본문이 누가복음 내에 포함된 이유는 예수님이 부활, 승천하셨기 때문이고 하늘 보좌로부터 성령을 파송하셨기 때문이며, 지금도 거기로부터 온 우주를 통치하시기 때문입니다. 저자 누가는 그런 명백한 확신을 갖고 오늘 본문을 기록합니다. 그런 흔들림 없는 확신이 우리에게도 있기를 기도합니다.

예수 그리스도를 따라가는 여정 가운데 우리가 참 힘없는 존재라는 생각이 들 때가 있습니다. 우리 인생이 다른 이들이 원하는 바에 의해서 끌려만 가는 것 같을 때가 있습니다. 크리스천으로 정직하고 충성되게 사는 것이 도리어 손해 보고 상처받는 지름길처럼 느껴질 때도 있습니다. 그런 생각이 들 때라도, 십자가에 못 박혔던 예수 그리스도가 부활하셔서

> 저자 해설
> 및 묵상

하나님 우편 보좌에서 우주를 통치하고 계심을 우리는 확신해야 합니다. 그리고 그 가운데서 다시금 힘과 용기를 내어 신실하게 그분을 따르는 자리로 돌아가야 합니다. 기억하십시오! 예수 그리스도는 우주의 통치자요 역사의 주관자이십니다!(눅22:69) 예수님은 저와 여러분의 삶을 주관하시고 인류의 역사를 주관하십니다! 우리의 삶을 다스리시고 온 우주를 통치하십니다! 그는 정치적 희생양이 아닙니다. 우리 죄를 위한 하나님의 어린양이시고 온 우주의 통치자시고, 역사의 주관자이십니다! 그리스도의 주권에 대한 우리의 믿음과 안목이 확실해지고 또 성숙해 지길 기도합니다.

---

1 여기서 분사 형태로 사용된 동사βλασφημέω(블레스훼페오)는 '모욕하다'(딛 3:2)는 뜻으로 사용되는 동시에 '신성모독을 범하다'는 뜻(계13:6; 16:9 [행 19:37 참조])으로도 쓰인다. 누가가 그리스도를 인간인 동시에 신적 존재로 제시하는 것(예: 눅1:76; 3:4-6)을 고려할 때, 여기에서는 후자의 뜻으로 사용된 것으로 보인다. 물론 여기서 예수를 지키며 모욕하고 조롱하며 구타한 이들(22:63-65)은 그가 신적 존재임을 알지 못했다. 그러나 누가와 그의 독자의 관점에서 그들이 한 행위는 분명 신성모독이었다(23:39 함께 참조).
2 '공회(산헤드린)'는 72인으로 구성된 유대인의 주요결정기구다. 자체적으로 왕이 없는 당시 상황에서 정치-종교의 문제에 관해 유대인 사회 내의 최고권력기구로 기능했다.
3 여기서 '너희는 믿지 않을 것이다'는 헬라어 구문상 οὐ μή를 포함하는데, 이는 가장 강력한 강조 용법으로 '너희는 결코 믿지 않을 것이다'는 뜻을 가진다.
4 여기서 '너희는 대답하지 않을 것이다'는 헬라어 구문상 οὐ μή를 포함하는데, 이는 가장 강력한 강조 용법으로 '너희는 결코 대답하지 않을 것이다'는 뜻을 가진다.

묵상과 적용을 위한 질문 1
살아가면서 그리스도께서 역사와 당신 삶의 주관자이심에 대한 믿음이 흔들리거나 혹은 그에 대한 감동이 사라진 적이 있었습니까? 언제 그랬습니까? 왜 그랬나요?

묵상과 적용을 위한 질문 2
위와 같은 상황 가운데서 어떻게 하면 그리스도께서 당신의 삶을 주관하시고 인류의 역사를 주관하신다는 사실을 신뢰할 수 있을까요? 어떻게 하면 그리스도의 주권을 감지할 수 있는 영적 감수성을 가질 수 있을까요? 오늘의 삶 가운데 그리스도께서 당신 인생과 온 인류 역사의 주관자이심을 인정하는 것이 어떤 새로운 통찰력과 용기를 가져다 주나요?

나/만/의/묵/상/메/모

- 오늘 묵상을 통해 주시는 은혜와 감동에 대해 자유롭게 기록해 보세요.

저자와 함께 하는 한 줄 기도

기도와 결단

> 예수님이 역사의 주관자이심을 확신하며 오늘 그리스도의 주권 하에서 용기 있게 살게 하소서.

• 오늘 묵상한 말씀의 적용과 삶의 결단을 담아 자신의 기도를 적어보세요.

Day 23 / 억울하게 매도 당할 때

오늘의 본문
눅23:1-5

1 온 무리가 모두 일어나 예수를 빌라도[1]에게 끌고 갔습니다.
2 그리고 예수에 대한 고소가 시작됐습니다. "이 사람이 우리 민족을 어지럽게 하는 것을 보았습니다. 그는 가이사께 세금을 바치는 것을 반대하며 자칭 그리스도 곧 왕[2]이라고 주장하고 있습니다."
3 그러자 빌라도가 예수께 물었습니다. "네가 유대 사람의 왕이냐?" 예수께서 대답하셨습니다. "네가 말하고 있다."
4 그러자 빌라도는 대제사장들과 무리에게 말했습니다. "나는 이 사람에게서 아무런 죄목도 찾지 못하겠다."
5 그러나 그들은 주장했습니다. "저 사람이 갈릴리에서 시작해 여기 예루살렘까지 유대 온 땅에서 가르치며 백성들을 선동하고 있습니다."

저자 해설 및 묵상

예수님을 제외한 모든 인간은 죄를 짓습니다. 예수를 믿는 이들도 예외는 아닙니다. 그리스도인들이 영광스런 성화의 과정(예수님을 닮아가는 훈련, 변화의 과정)을 밟고 있으나 그 가운데 예수 믿기 전의 모습의 잔재를 가지고 살아갑니다. 때로는 그 모습이 너무 진하게 나타나곤 합니다. 그 가운데 여전히 죄를 짓고 실수하며, 남에게 상처를 주고, 해선 안 될 일을 하면서 살아갑니다.[3]

그런데 우리가 잘못도 하지 않았는데 욕을 먹는 경우가 있습니다. 또 하지도 않은 일로 인해 비난받을 때가 있습니다. 그럴 때면 정말 억울하고 속에서 무언가가 끓어오릅니다. 자다가도 잠이 깨고, 일하다가도 갑자기 화가 역류합니다. 그러나 우리가 그런 일을 겪는 유일한 인간은 아님을 기억해야 합니다. 주 예수님께서도 이러한 일을 당하셨음을 우리는 기억해야 합니다. 예수님은 유대인들을 오도한 일이 없으셨고, 황제에게 내는 세금을 반대한 일(로마 정부의 관점에서 볼 때, 황제에 대한 반역으로 여겨질 일)도 없으셨습니다(20:22-25 참조). 예수님은 자신이 그리스도요 유대인의 왕이심을 인정하셨지만(22:67; 23:3), 민족주의적이고 정치적인 뜻에서 그렇게 말씀하신 것은 아니었습니다.

저자 해설 및 묵상

당시 종교지도자들은 의도적으로 예수님의 주장을 왜곡하고 그를 모함했습니다. 이방인이었던 빌라도 총독은 예수님의 결백을 금새 간파합니다. 예수님이 로마로부터의 해방을 위한 무장 혁명을 주도하지 않는다는 사실을 알아차렸고, 예수님의 사역이 정치적인 것이 아님을 간파했습니다(3-4절, 14절, 20절, 22절; 요18:28-38 참조). 유대 문화와 사상에 그리 친숙하지 않았던 빌라도가 그렇게 금새 알아차린 것을 유대 종교 지도자들이 몰랐을 리 만무합니다. 분봉왕 헤롯 안티파스가 빨리 간파한 것을 그들 종교지도자들이 알아채지 못했을 리 없습니다.

십자가에 달려 죽는 것은 로마인의 관점으로 보면 극악하고 위험한 정치범으로 분류되어 가장 잔인하고 혹독한 방식으로 처형된다는 뜻입니다. 유대인의 관점에서 십자가형은 - '나무에 달린 자는 하나님께 저주를 받았다'는 신명기21장 말씀대로 - 여호와 하나님께 저주받았다는 뜻입니다(신 21:21-23; 갈3:13 참조). 예수님은 아무 죄가 없으셨지만, 종

저자 해설 및 묵상

교지도자들의 거짓 비난으로 인해 참혹하고 저주스러운 십자가 처형을 당하시게 됩니다.

예수님이 예언하신대로 후에 돌이켜 회개하고 성도들을 굳세게 하는 일에 쓰임 받는 사도 베드로(눅22:32)는 이 일을 다음과 같이 회상합니다.

"여러분은 이것을 위해 부르심을 받았습니다. 그리스도께서도 여러분을 위해 고난을 당하시고 여러분에게 본을 남겨주심으로 그분의 발자취를 따르게 하셨습니다. 그분은 죄를 지으신 일도 없고 그 입에는 거짓이 없었으며 그분은 모욕을 당하셨으나 모욕으로 갚지 않으셨고 고난을 당하셨으나 위협하지 않으셨고 공의로 심판하시는 분에게 자신을 맡기셨습니다. 그분이 친히 나무에 달려 자기 몸으로 우리의 죄를 짊어지셨으니 이는 우리가 죄에 대해 죽고 의에 대해 살게 하려는 것입니다. 그분이 채찍에 맞음으로 여러분이 나음을 얻었습니다"(벧전2:21-24).

베드로는 그리스도께서 하시지도 않은 일에 대해 거짓된 비난을 받고 십자가에 처형당하시면서 "오직 공의로 심판하시는 분(하나님 아버지)에게 자신을 부탁"하셨다고 기록합니다(23절). 우리 삶에서 정당한 법적 절차를 밟는 일이 의미 없다는 뜻이 결코 아닙니다. 필요한 법적 해명을 정직하게 제시하는 일이 의미 없다는 뜻도 아닙니다. 그러나 그것들이 항상 완전한 정의를 가져다주리라고 기대해서는 안 됩니다. 가끔이라도 뉴스를 보고 주변에서 벌어지는 일들에 조금이라도 관심을 두는 사람이라면, 필자의 말에 쉽게 동의할 것입니다. 그러나 이 땅의 사법체제가 부패하고 타락한 양상을 드러낼 때에도 그리고 우리의 정당한 해명이 묵살될 때에도 완전히 좌절할 필요는 없습니다. 결국 모든 일을, 그리고 모든 개인과 공동체를 하나님께서 공의로 심판하실 것이기 때문입니다. 우리는 현재의 좌절 너머 하나님의 온전한 통치와 예수 그리스도의 공의가 완전히 이뤄지는 그 날을 바라봐야 합니다. 그리고 우리가 억울하게 비난 받을 때, 우리 사정을 다 헤아리시고 체휼하시는 예수님께 나아가야 합니다(히 4:14-16, 5:7-8 참조).

근거 없는 비난과 억울한 매도로 인해 마음이 힘들고 괴롭다면, 그 일을 우리 앞서 경험하신 예수님을 기억하십시오. 그리고 하나님 아버지께서 부활을 통해 그의 아들 예수 그리스도를 신원(vindicate)해 주셨음을 기억하십시오. 우리가 살아가는 오늘의 삶 가운데 특별히 우리가 억울하게 비난하고 모함 받을 때, 이 일을 꼭 기억하시길 바랍니다.

> 저자 해설 및 묵상

---

1 빌라도는 로마 황제로부터 파견 받아 사마리아 및 유대의 총독으로 AD 26-36에 걸쳐 활동했다. 그는 주로 가이사랴에 머물렀으나 유대인들의 명절에는 예루살렘에 와 있던 것으로 보인다. 당시 로마 제국의 입장에서 보면, 유대 땅은 통치하기에 가장 골치 아픈 지역 중 하나였다. 유대인의 공회(산헤드린)는 일반적으로 사형을 언도, 집행할 권한이 없었다. 그래서 그들이 빌라도에게 예수님을 끌고 간 것이다.
2 "그리스도 곧 왕"이라는 표현은 "그리스도(메시아)"와 "왕"을 동일하고 있는데, 이러한 이해는 1세기 당시 많은 유대인이 갖고 있었던 다윗적 메시아(Davidic Messiah)관을 반영해 준다. 이들은 다윗 가문의 메시아-왕이 이스라엘을 회복시켜줄 것을 기대하고 있었다. 물론 눅23:2에서 예수님을 고소하는 자들은 예수님을 비방하고 또 그를 정치범으로 몰아가는 맥락에서 이 표현("그리스도 곧 왕")을 오용한다.
3 물론 그렇다고 그것을 당연히 여기면서 살아도 된다는 뜻은 결코 아니다. 예를 들어, 로마서12:1-2, 엡4-6장을 보라. 성도는 마땅히 하나님 뜻대로 사는 일에 헌신해야 함을 이런 구절들에서 쉽게 발견할 수 있다. 물론 그와 같은 구절들은 신, 구약성경 전체를 관통한다.

묵상과 적용을 위한 질문 1	근거 없는 비난과 비방으로 억울하고 힘들었던 경험을 적어 나누어 보세요. 그때 어떻게 반응했습니까?

묵상과 적용을 위한 질문 2	예수님께서 비난과 비방을 견디신 일은 오늘 우리 삶에 어떤 가르침을 줍니까? 근거 없는 비난과 비방 가운데 주님이 원하시는 대로 반응하고 흔들림 없이 나아가려면 어떤 것이 가장 중요합니까? 왜 그렇습니까?

나/만/의/묵/상/메/모

- 오늘 묵상을 통해 주시는 은혜와 감동에 대해 자유롭게 기록해 보세요.

저자와 함께 하는 한 줄 기도

기도와 결단

> 억울한 비난 가운데도 예수님처럼 인내케 하시고, 주님이 베푸실 공의를 바라보게 하소서

- 오늘 묵상한 말씀의 적용과 삶의 결단을 담아 자신의 기도를 적어보세요.

Day 24 / 헤롯, 예수를 보고 '기뻐하다'

오늘의 본문
눅23:6-12

6 이 말을 들은 빌라도는 이 사람이 갈릴리 사람이냐고 물었습니다.
7 빌라도는 예수께서 헤롯의 관할[1]에 속한 것을 알고 때마침 예루살렘에 와 있던 헤롯에게 예수를 보냈습니다.[2]
8 헤롯은 예수를 보고 매우 기뻐했습니다. 그는 오래전부터 예수를 만나고 싶었습니다. 헤롯은 예수에 대한 소문을 듣고 있었고 예수께서 어떤 기적 행하는 것을 보고 싶었기 때문입니다.
9 헤롯이 많은 질문으로 물었지만 예수께서는 아무 대답도 하지 않으셨습니다.
10 대제사장들과 율법학자들은 곁에 서서 예수를 격렬하게 고소했습니다.
11 그러자 헤롯과 그의 군인들은 예수를 조롱하고 모욕했습니다. 그러고는 예수께 화려한 옷을 입혀[3] 빌라도에게로 돌려보냈습니다.
12 헤롯과 빌라도가 전에는 원수처럼 지냈으나 바로 그날에 서로 친구가 됐습니다.[4]

저자 해설 및 묵상

빌라도에게 예수님을 재판하는 것은 정치적으로 부담스러운 일이었습니다. 유대인들의 최고 자치기구인 공회(산헤드린)가 자칭 왕이라는 나사렛 출신 랍비를 십자가에 못 박으라고 압박을 가하고 있습니다. 그것도 유대인들이 예루살렘에 많이 몰려 정치적으로 아주 민감한 시기에 딱히 답이 없는 골치 아픈 문제를 만난 것입니다. 재판의 대상은 최근 3년 동안 유대 전역에서 대중들의 큰 관심과 주목을 받

> 저자 해설 및 묵상

는 나사렛 사람 예수입니다. 빌라도가 볼 때 예수는 분명 결백하지만, 그가 스스로를 '왕'이라고 주장했다는 것이 맘에 걸립니다. 그를 그냥 풀어 주었다가는 빌라도 자신이 로마 황제에게 불충했다는 오명을 뒤집어쓰게 될 수도 있기 때문입니다.

이처럼 예수님의 재판은 빌라도에게 상당히 난감한 사례였습니다. 빌라도는 나름대로 머리를 씁니다. 예수가 갈릴리 사람인 것을 확인하고, 마침 유월절을 지키기 위해 예루살렘에 머물던 헤롯 안티파스에게 예수님을 보내 버립니다. 이는 그간 앙숙으로 지냈던 헤롯을 배려하는 정치적 제스쳐면서, 딱히 답이 없는 골치 아픈 유대사회 내부 문제를 분봉왕 헤롯에게 돌리고, 가능하면 자신은 이 문제로부터 거리를 두고자 하는 노림수로 보입니다.

빌라도가 자신에게 예수를 보냈다는 소식을 듣고 갈릴리와 베레아의 분봉왕 헤롯 안티파스는 기뻐했습니다. 솔직히 헤롯은 예전부터 예수님을 만나보고 싶었습니다. 그런데 원수 같은 빌라도가 어찌된 일로 그날따라 예수를 자기한테 배달해 주었으니, 신이 좀 났을 것입니다. 오늘 본문 8절은 "헤롯은 예수를 보고 매우 기뻐했습니다"라고 분명하게 기록하고 있습니다.

그런데 헤롯이 예수님을 만나는 일에 대해 기뻐했던 이유에 대해 좀 더 생각해 볼 필요가 있습니다. 그가 기뻐했던 것은 예수님과의 인격적 만남을 기대했기 때문이 아니었습니다. 예수의 가르침에 대해 심각하고 진지하게 고민하고 있었기 때문도 아니었습니다. 물론 '예수님은 나의 기쁨'이라

> **저자 해설 및 묵상**

는 순수한 찬양과 헤롯의 '기쁨'은 거리가 한참 멀었습니다. 헤롯은 그저 들은 소문대로 예수가 기적을 행하는지를 직접 보고 싶었는데 마침 그 기회가 찾아온 것으로 인해 기뻐한 것입니다(8절).

그런데 예수님을 '기뻐하는' 이런 잘못된 동기가 그저 헤롯에게서만 발견되는 것일까요? 안타깝게도 지금 역시 적지 않는 사람들이 예수님에 대해 헤롯과 유사한 성격의 관심을 두는 것 같습니다. 예수님을 기뻐하는 듯 보이지만 그 기쁨은 예수님과의 인격적 교제와는 아무 상관이 없는 기쁨입니다. 예수님이 어떤 분인가에 대해서나 주님이 가르치신 말씀에 관해서는 관심이 없고, 당장 눈에 보이고 손에 잡히는 어떤 체험, 기적, 문제해결에만 관심이 온통 쏠려 있습니다.

누가복음9:7-9에 보면 분봉왕 헤롯 안티파스가 예수님에 관해 관심을 갖기 시작한 정황에 대한 설명이 나옵니다.

"분봉왕 헤롯은 이 모든 일을 듣고 당황했습니다. 왜냐하면 어떤 사람들이 요한이 죽은 자 가운데에서 살아났다고 말했기 때문입니다. 또 어떤 사람들은 엘리야가 나타났다고 했고 다른 사람들은 옛 예언자 중 하나가 되살아났다고 말했습니다. 그러자 헤롯은 "내가 요한의 목을 베었는데 이런 소문이 들리는 그 사람은 누구인가?"하고 예수를 만나고자 했습니다."(눅9:7-9)

방금 인용한 7절은 헤롯이 예수님과 제자들이 행한 기적들에 대해 듣고 당황했다고 기록합니다.[5] 헤롯 사신이 죽였던 침례 요한이 환생하여 예수로 활동한다는 민간의 소문이 헤롯을 당황케 했습니다. 어쩌면 환생한 침례 요한일지도 모르는 예수가 엄청난 기적을 행한다는 소식을 접하면서 헤롯은 적잖은 부담과 함께 묘한 호기심을 가졌던 것 같습니다.

> 저자 해설 및 묵상

그런데, 오늘 묵상 본문을 보면, 예수님에 대한 소문을 듣고 처음에 당황했던 헤롯이 이 시점에서는 예수님 만나기를 기뻐했다고 기록합니다. 아마도 누가복음9장과 21장 사이의 기간 동안 헤롯은 예수가 기적을 행하는 능력을 소유한 것이 사실이라는 확신을 갖게 되지 않았나 싶습니다. 그러면서 예수가 행하는 기적 자체에 대해서도 자연스레 관심을 가졌을 것입니다. 기회가 주어진다면 예수를 만나서 그가 행하는 기적을 목도하기 원하는 맘이 생겼습니다. 그런데 무슨 일로 평소 앙숙이던 빌라도가 예수를 자기에게 배달해 주었으니 기뻐할 만합니다.

지금이나 예수님의 공생애 때나 많은 사람들이 예수님을 만나기를 소원합니다. 헤롯 안티파스도 그들 중 한 명이었습니다. 하지만 예수님을 만나고 싶어 하는 헤롯의 열망이 그를 참된 믿음으로 이끌지 못했습니다.[6] 사실 헤롯이 원했던 것은 일종의 종교적 유흥이었습니다. 헤롯 안티파스는 예수님이 그에게 경이로운 볼거리를 제공해 주기를 기대했습니다. 마법사가 경이로운 기적을 행하듯 혹은 곡예사가 미션 임파서블(Mission Impossible)에나 나올 법한 묘기를 보여주듯 말입니다. 예수님이 아무 기적을 베풀지 않자 헤롯은 그의 결백함을 알면서도(눅23:15 참조), 그를 조롱하고 모욕했습니다(11절).

예수님은 헤롯이 기대했던 기적은 고사하고, 그의 여러 질문에 대해서도 일절 침묵하셨습니다. 자신의 악한 삶에 대한

저자 해설 및 묵상

회개 없이, 예수님과의 인격적 교우에 대한 기대 없이, 기적이 가져다 줄 유흥을 추구하는 헤롯 안티파스에게 예수님은 오직 침묵만을 선사하십니다.

우리는 주님 앞에 나아갈 때마다 우리의 동기와 의도가 어디에 있는지를 돌아보아야 합니다. 인간의 죄성은 철저히 자기중심성을 지향합니다. 그렇기에 설사 우리가 헤롯과 똑같은 형태로 기적을 추구하지는 않는다고 해도, 여전히 자신의 목적과 야망을 위해서 예수님께 관심을 보이는 일이 얼마든지 가능합니다. 그런데 문제는 우리가 헤롯처럼 흥미나 열망, 호기심에 사로잡혀 눈에 보이는 기적과 나 자신의 목적만을 좇는다면 그것은 우리를 참된 신앙으로 이끌지 못한다는 사실입니다.

당신이 예수님에게 관심을 두는 참된 동기는 과연 무엇입니까? 예수님이 가져다 줄 것이라 기대하는 어떤 기적과 문제해결입니까? 아니면 예수 그리스도 자신입니까? 오늘 우리 안에 헤롯 안티파스 같은 모습이 없는지 스스로를 돌아보시기 바랍니다. 당신이 예수님께 관심을 보이고 예수님을 찾고 기뻐하는 그 이유가 무엇인지를 한 번 솔직히 점검해 보시기 바랍니다.

저자 해설
및 묵상

1 여기서 '헤롯'은 갈릴리와 베레아의 분봉왕이었던 헤롯 안티파스를 가리킨다. 그는 침례요한을 죽인 인물이다.
2 빌라도가 유대인들과 관계가 좋지 않았을 것을 생각할 때(눅13:1), 유대인들과 관련된 문제를 왜 헤롯 안티파스에게 미루었는지 어느 정도 이해가 된다.
3 여기서 예수님께 '화려한 옷' 혹은 '눈부신 옷'을 입힌 것은 예수님이 "유대인의 왕"(23:3) 되심을 부정하고, 예수님을 모욕하고 조롱하는 방식이었다.
4 빌라도와 헤롯이 서로에게 예수님에 대한 판단을 미룬 것은 서로가 권위를 상호인정해 주었다는 측면에서 일종의 정치적 제스처였다. 그렇게 그들은 이날 정치적으로 "친구"가 되었다.
5 누가는 위의 말씀 바로 앞에 있는 9:1-6에서, 제자들이 예수님께서 부여하신 권능을 힘입어 복음 전파와 치유 및 축사를 한 것에 대한 기록을 남겼고, 8:22-56에서는 예수님이 직접 행하신 다양한 기적들에 대하여 소개했으며, 4:14-9:50에 기록한 예수님의 갈릴리 사역은 예수님이 베푸신 수많은 기적에 대한 보도로 가득 차 있다. 그러므로 9: 7 초반부에, "이 모든 일" 그리고 "이런 일"은 예수님이 행했던 기적들을 가리키는 것으로 보인다.
6 11절에 헤롯이 예수님께 가한 조롱 그리고 예루살렘을 향하는 여정 중에 등장하는 '헤롯이 예수님을 죽이려 한다'는 바리새인들의 보도(13:31)에 비추어 볼 때, 헤롯이 예수님에 대하여 가진 호기심이 호감은 결코 아니었다. 물론 바리새인들이 했던 보도(13:31) 자체를 신뢰할 수 있느냐의 이슈가 제기되지만, 이어지는 13:32에 기록된 예수님의 반응은 이 보도의 진정성을 인정하시는 것으로 보인다. 그렇기에 그 보도 자체의 진정성을 굳이 의심할 필요는 없어 보인다.

묵상과 적용을 위한 질문 1

주변에서 예수님에 대해 관심을 보이는 사람들의 다양한 동기에 대해 살펴보고, 그 중 바람직한 동기와 그렇지 못한 동기를 구분해 보세요.

_____

_____

묵상과 적용을 위한 질문 2

예수님에 대한 당신의 열정과 관심 배후에는 어떤 동기가 자리 잡고 있습니까? 당신이 '예수님을 기뻐한다'고 말할 때, 어떤 구체적인 이유 때문에 기뻐합니까? 그 이유가 예수님 자신인가요?

_____

_____

나/만/의/묵/상/메/모

- 오늘 묵상을 통해 주시는 은혜와 감동에 대해 자유롭게 기록해 보세요.

저자와 함께 하는 한 줄 기도

기도와 결단

> 오늘 예수님 그 분으로 인해 기뻐하게 하소서.

- 오늘 묵상한 말씀의 적용과 삶의 결단을 담아 자신의 기도를 적어보세요.

Day 25 / '대중적 인기'라는 허상

오늘의 본문
눅23:13-19

13 빌라도는 대제사장들과 지도자들과 백성들을 불러 모으고
14 말했습니다. "이 사람이 백성들을 선동한다 해서 내게로 데려왔다. 하지만 너희 앞에서 신문한 결과 너희가 고소한 것 같은 죄목을 찾지 못하겠다.
15 헤롯도 역시 죄목을 찾을 수 없어 그를 다시 우리에게 돌려보냈다. 이 사람은 사형당할 만한 죄를 저지르지 않았다.
16 그러니 나는 이 사람을 매질이나 한 후에 풀어 주겠다."[1]
17 (없음)
18 그러자 사람들은 일제히 "그 사람을 없애시오! 그리고 우리에게 바라바를 풀어 주시오!" 하며 큰 소리로 외쳤습니다.[2]
19 바라바는 성안에서 일어난 폭동과 살인으로 감옥에 갇혀 있는 사람이었습니다.

저자 해설 및 묵상

우리는 오늘 본문에서 수많은 군중이 삽시간에 심각한 오류를 범한 경우를 생생하게 목도합니다. 정작 총독 빌라도와 분봉왕 헤롯 안티파스는 예수님에게 혐의가 없다고 판단했지만, 군중은 예수님을 십자가에 못 박아 죽여야 한다고 외쳐 댔습니다. 오히려 살인을 범한 바라바를 풀어주라고 요청했습니다.

이는 분명 아이러니(irony)한 것이며 가장 충격적인 정의의 실종입니다. 이들 군중 속에는 예수님께서 3년간 복음을 전하시고 치유와 축사의 능력을 행하실 때 현장에 있던 이들

> **저자 해설 및 묵상**

도 있을 것입니다. 그리고 며칠 전 예수님이 예루살렘에 입성하실 때 열광적으로 그를 영접한 이들도 있을 것입니다(눅 19:28-40 및 병행구). 그러나 오늘 본문에서 군중은 종교지도자들의 선동에 휩쓸려 예수님을 십자가에 못 박으라고 반복적으로 그리고 강력하게 외쳐 댑니다.

그들이 기대했던 것과는 달리, 나사렛 예수가 로마로부터 이스라엘을 해방해 줄 강한 정치력과 용맹함을 지닌 인물이 못 된다고 판단해서일까요? 그들은 예수에게 매몰차게 등을 돌립니다. 물론 거기에는 대제사장과 종교지도자들의 선동이 한몫을 했습니다. 그들이 군중들을 심하게 충동했습니다. 하지만 그렇다고 해서 군중에게는 책임이 없는 것은 아닙니다. 그들이 대제사장과 종교지도자들의 충동질에 적극적으로 반응했기 때문입니다(23:18). 당시 종교권력에 동조하고 '나사렛 예수를 십자가에 못 박으라!'고 열광적으로 소리지르며 빌라도 총독을 압박했습니다(21절). 예수가 십자가에 달려 죽어야 마땅하다(참고 신21:23)고 빌라도에게 압력을 행사했습니다.

누가복음의 속편인 사도행전에 기록된 베드로의 오순절 설교 내용은 예수님의 십자가 처형에 대해 군중들에게도 책임이 있다는 사실을 분명히 밝혀줍니다.

"그러므로 이스라엘 모든 집은 확실하게 알아 두십시오. 여러분들이 십자가에 못 박은 이 예수를 하나님께서 주와 그리스도가 되게 하셨습니다. 그러자 그들이 듣고 마음이 찔려 베드로와 다른 사도들에게 "형제들이여, 우리가 무엇을 해야 합니까?" 하고 베드로와 다른 사도들에게 물었습니다. 이때

저자 해설 및 묵상

베드로가 대답했습니다. "회개하십시오." (행2:36-38 [23절 함께 참조])

대제사장과 종교지도자들이 군중을 충동했지만 그에 반응하여 맞장구를 친 군중 역시 예수님의 죽음에 대해 엄중한 책임을 갖고 있습니다. 방금 인용한 베드로의 오순절 설교 장면은 이를 명백하게 드러냅니다.

예수님의 재판 장면을 보면, 군중이 우리의 신뢰의 대상이 아님이 분명해집니다. 우리는 군중의 목소리에 귀를 기울이고 그들의 필요에 관심을 보여야 하지만, 군중의 소리를 무분별하게 따라가선 안 됩니다. 나아가, 대중적 인기가 하나님 앞에서 우리가 충성스럽게 살고 있는가를 알려주는 지표가 되지 못함을 깨달아야 합니다. 적잖은 경우, 사실 대중적 인기에 대한 집착이 우리를 지독하게 왜곡합니다. 예수님은 군중으로부터 버림을 받고 대중적 인기를 거의 상실한 채, 참혹하게 십자가에 못 박혀 죽습니다. 불의한 사회에서는 의인보다 악인이 더 인기가 좋을 수도 있습니다. 예수님보다는 폭동을 주도하고 살인을 범했던 바라바가 선호될 수도 있습니다.

오늘 예수님의 십자가형 확정을 두고 군중들이 보여준 반응에 대해 생각하면서, 우리가 입으로는 하나님을 믿고 신뢰한다 말하면서도 속으로는 군중들의 인정에 너무 목말라 있는게 아닌가 생각해 보게 됩니다. 우리가 대중적 인기에 목말라 그것을 위해서라면 무엇이든 할 태세로 분별력 없이 끌려가고 있는 것은 아닌가 살펴보게 됩니다. 혹시 우리 역시 예수님의 재판 현장에 있었다면 이 군중들처럼 그를 십자가에 못 박으라고 소리치진 않았을까요?

  우리의 삶은 대중적 인기를 추구하기보다 하나님 그분을 추구하는 인생이 되어야 합니다. 십자가를 앞에 두시고도 그리고 심지어 십자가에 달려 피를 흘리시는 그 와중에도 하나님 한 분만을 추구하셨던 우리 주 예수 그리스도 그분처럼 말입니다.

저자 해설 및 묵상

---

1 여기서 '채찍질 후에 풀어주겠다'는 빌라도의 언급은 일종의 경고 조치(물론 채찍질은 그 자체로 가혹했고 몸에 잔혹한 상처를 남겼다)만 취하겠다는 뜻으로 볼 수 있다. 빌라도는 그런 경고 조치를 통해 예수를 고소한 공회원들을 어느 정도 만족시켜 주는 동시에, 근거 없이 고소된 예수를 풀어줄 수 있겠다고 생각했던 듯하다(22절 참조).
2 행3:14을 참조하라.

묵상과 적용을 위한 질문 1	군중이 명백하게 틀렸음이 나중에야 드러난 예를, 자신의 삶 혹은 가족이나 친구의 삶에 근거해서 적어보세요.

묵상과 적용을 위한 질문 2	대중적 인기(혹은 대다수의 사람이 나를 어떻게 평가하는가)에 지나치게 매였던 경험을 솔직히 적어보세요. 그러한 집착이 당신의 삶에 어떤 영향을 끼쳤나요? 군중이 예수님을 저버린 사건은 당신에게 어떤 교훈을 남겨 주나요?

나/만/의/묵/상/메/모

- 오늘 묵상을 통해 주시는 은혜와 감동에 대해 자유롭게 기록해 보세요.

저자와 함께 하는 한 줄 기도

> '대중적 인기'의 허상이 아니라 궁극적 실체이신 하나님을 신뢰하고 또 추구하게 하소서.

- 오늘 묵상한 말씀의 적용과 삶의 결단을 담아 자신의 기도를 적어보세요.

Day 26

"난 그래도 나름 '최선'을 다했다고!"

오늘의 본문
눅23:20-25

20 빌라도는 예수를 풀어주고 싶어서 그들에게 다시 호소했습니다.
21 그러나 그들은 계속해서 소리 질렀습니다. "그 사람을 십자가에 못 박으시오! 십자가에 못 박으시오!"[1]
22 빌라도가 세 번째로 말했습니다. "도대체 그가 무슨 나쁜 일을 했다고 그러느냐? 나는 이 사람에게서 사형에 처할 아무런 죄를 찾지 못했다. 그래서 나는 그를 매질이나 해서 풀어 줄 것이다."
23 그러나 그들은 더욱 큰 소리로 예수를 십자가에 못 박으라고 요구했습니다. 그리고 그들의 소리가 이기고 말았습니다.
24 마침내 빌라도는 그들의 요구대로 하기로 결정했습니다.
25 빌라도는 그들의 요구대로 폭동과 살인으로 감옥에 갇혀 있던 바라바를 풀어 주고 예수는 그들의 뜻대로 하게 넘겨주었습니다.[2]

저자 해설 및 묵상

오늘은 본문의 말씀을 좀 더 진지하게 묵상하기 위하여 1998년부터 2011년까지 23년 동안 세계 25개국을 순회하며 공연되었던 모노드라마인 "빌라도의 고백"[3]이라는 연극 일부를 소개하며 시작합니다.

이 연극은 비틀거리며 귀를 막고 소리 지르는 빌라도의 절규로 시작합니다. "그만, 그만, 그만, 어쩔 수 없었습니다. 정말 어쩔 수 없었습니다. 제발 사도신경에서 제 이름만은 빼 주십시오."

그리고 이 모노드라마의 마지막은 빌라도의 절규로 끝을 맺습니다. "예수를 죽인 것은 제가 아닙니다. 돌을 던지며 소리를 지르던 그 사람들이 죽였습니다. 가룟 유다만이 예수를 판 것이 아닙니다." 그리고는 관중들을 향하여 손가락질하면서 말합니다.

> 저자 해설 및 묵상

"당신도, 당신도, 다 예수를 십자가에 못 박혀 죽게 한 죄인들입니다. 그런데 왜 유독 내 이름만이 사도신경에 올라 있어야 합니까?"

사도신경에 '본디오 빌라도에게 고난을 받으사'라는 언급이 있습니다. 빌라도의 입장에선 억울할 수 있겠습니다. 자신은 사실 예수를 풀어주려고 거듭 노력했다고 말할 수도 있겠습니다.[4] 그러나 "마침내" 어떤 결정을 하느냐가 중요합니다(눅23:24). 어느 정도, 혹은 상당히 노력하는 것으론 불충분합니다. 불의의 물결이 거세다고 거기에 굴복해 놓고 변명할 순 없습니다. 특히 지도자의 위치에 있으면 있을수록 책임이 더 큰 법입니다(렘2:8-9, 약3:1참조). 그에게 주어진 유대 총독이린 중요한 위치에서 내린 자신의 결정에 대해 빌라도는 결코 책임을 피할 수 없습니다. 군중들의 불의한 압력이 있다 해도 최종 결정은 여전히 그의 몫이었습니다. '목소리 큰 사람이 이긴다'는 말이 있습니다. 빌라도와 산헤드린에 의해 충동 된 군중들 사이의 '줄다리기'에서 결국 목소리 큰 군중들이 이기고 말았습니다.

그러나 목소리 큰 이들에게 굴복한 것에 대한 책임은 사라지지 않습니다. 진리와 정의가 목소리 크기에 비례하는 것은 아니기 때문입니다. 물론 빌라도는 스스로 로마 정치의 전통을 따라 군중 통제 및 군중 무마의 리더십을 발휘했던 것이라 변명할지도 모릅니다. 그러나 그것이 그가 묵과한 정의의

저자 해설 및 묵상

실종을 정당화시켜주지는 않습니다. 빌라도에게 예수님을 고소한 이들이 잘못이 없다는 이야기가 아닙니다. 그들에게 더 큰 책임이 있습니다(요19:11 하반절 참조). 그러나 그렇다고 빌라도의 엄중한 책임이 사라지지 않습니다. 저자 누가는 그가 쓴 복음서의 속편인 사도행전에서 다음의 내용을 기록합니다.

누가는 초대교회 성도들의 기도를 기록한 이 장면에서 본디오 빌라도가 예수님에 대한 부당한 재판과 그 결과로 시행된 십자가 처형에 대해 책임이 있음을 밝힙니다. 마태에 따르면, 빌라도 총독은 물을 가져와서 군중 앞에서 손까지 씻으면서 자신의 책임을 회피하고자 했지만(마27:24), 그렇다고 그의 엄중한 책임이 사라지는 것은 아닙니다. 그렇게 손을 씻는 것이 정치적 제스처로는 의미가 있을지 몰라도 책임을 면제받는 데는 아무 소용이 없습니다.

잠시 뉴스를 보거나 주변을 유심히 살펴보면 사람들이 결정적일 때 책임을 회피하려 든다는 사실을 쉽사리 알 수 있습니다.[6] 그리고 우리 스스로 내면을 돌아본다면 훨씬 더 빨리 알 수 있을 것입니다. 우리에게 어떤 역할과 위치가 주어졌든지, 그 주어진 역할과 위치 안에서 우리가 내리는 결정에 대해 우리는 하나님 앞과 이웃 앞에 책임 있는 존재임을 잊지 말아야 합니다. 목소리를 높이며 우리에게 압력을 행사하는 이들은 자신들이 행한 압력의 정당성에 대해 하나님과 이웃 앞에서 책임을 져야 할 것입니다. 하지만 그렇다고 해서 그들의 책임이 우리에게 주어진 책임을 면제해 주는 것은 아닙니다. '그 압력에 맞서 버틸 만큼 버티다가 나중에 어쩔 수 없이 양보하고 타협을 했다'고 말하는 것으로는 충분치 않습니다. 분명히 빌라도도 어느 정도는 했습니다. 그리스도인들은 군중의 뜻이 아닌, 하나님의 뜻이 이뤄지도록 기도하고 실천하는 자들이기에 그리고 불의를 행하거나 눈감아주면서 양보와 타협을 논할 순 없습니다(눅23:24-25 참조).

> 저자 해설 및 묵상

"주께서는 주의 종, 우리 조상 다윗의 입을 통해 성령으로 말씀하셨습니다. '어째서 민족들이 분노하며 사람들이 헛된 음모를 꾸미는가? 세상의 왕들이 일어나고 통치자들이 함께 모여 주와 그분의 그리스도를 대항하고 있구나.'5 그런데 정말 헤롯 안티파스와 본디오 빌라도가 주께서 기름 부으신 거룩한 종 예수를 반대하며 음모를 꾸미려고 이방 사람들과 이스라엘 백성들을 이 성에서 만났던 것입니다"(행4:25-27).

사실 우리 모두 인생을 살면서 여러 방향에서 압력을 받습니다. 압력 없이 그냥 편하게 자유롭게만 살 수 있을 것이라 기대한다면 아직 사회 경험이 없거나, 아니면 사회 안에서 살지만 너무나 비현실적으로 혹은 초현실적으로 사는 것입니다. 우리가 느끼는 압력 중에서는 건설적인 것도 있고 반대로 파괴적인 것도 있습니다. 궁극적으로 그리스도인은 다른 어떤 압력이 아닌, 하나님의 말씀과 성령이 우리에게 주시는 강권하심에 순복해서 살아야 합니다. 그렇지 않는다면, 우리 역시 결정적인 순간 빌라도처럼 중대한 과오를 범할 수 있습니다. 주변의 압력에 굴복하여 결코 해선 안 되는 일을 범하는 것, 옳지 않은 일인 줄 알면서도 슬쩍 눈감아 주는 것, 그리고 그렇게 그리스도와 그분의 통치에 대항하는 일을 빌라도뿐 아니라 우리 역시 범할 수 있습니다.

> **저자 해설 및 묵상**

지금 여기 그리고 오늘 이 순간이 중요합니다. 오늘 새창조를 가져 오시며 자유와 해방을 가져오는 성령의 내적 압력에 순복하시기 바랍니다. 하나님의 말씀이 주시는 압력에 순복해야 합니다. 그리고 세상과 마귀와 죄의 불의한 압력에 굴복하지 않아야 합니다. 궁극적으로 그 누구의 뜻이 아닌, 하나님의 뜻에 우리 삶을 내어드려야 합니다. 환경이 어떻게 바뀌든, 힘 있는 그 누가 뭐라 하든, 진리와 공의를 저버리고 타협해서는 안 됩니다. 정의를 실종시키는 일에 직접 혹은 간접적으로 동참한다면, 우리는 하나님 앞에서 그리고 이웃 앞에서 그 일에 대해 분명 책임 있는 자로 남게 됩니다. 불의한 줄 알면서도 슬쩍 눈을 감고, 그와 타협하고 거기에 굴복하는 것은 결국 불의를 방조, 조장하는 행위입니다. 성전권력자들과 그들에 의해 추동된 군중의 불의한 압력에 결국에는 굴복한 빌라도의 중대한 과오는 우리로 하여금 불의한 압력 앞에서 어떻게 행동해야 할지에 대해 의미심장한 도전을 제공합니다.

저자 해설 및 묵상

1 종교지도자들에 의해 선동된 군중들은 나사렛 예수를 십자가에 못 박으라고 빌라도를 압박한다. 사실 종교지도자들이 원했다면, 스데반의 경우처럼 돌로 쳐서 죽이는 방법을 택할 수도 있었다(행7:58). 그러나 그 방법이 아니라 십자가형을 선택한 데는 특별한 이유가 있어 보인다. 나사렛 예수를 십자가에 못 박음으로써, 유대 종교지도자들은 그가 나무에 달려 하나님께 저주를 받았으며(신21:21-23), 그렇게 하나님의 저주를 받은 이가 메시아일 수 없음을 보이고자 했던 것 같다(요18:30-32, 특히 32절). 바울은 갈3:13에서 그리스도께서 나무에 달려 (율법의) 저주를 받으신 것이 맞지만, 그것은 "우리"의 속량을 위한 대속적 행위였음을 밝힌다.

2 물론 여기에는 하나님의 구원 계획이 담겨 있었다. 예수님의 십자가처형에 대해 이해하면서 하나님의 주권적 계획과 인간(가롯 유다, 빌라도, 유대 종교지도자들, 군중)의 책임을 모두 고려해야 한다. 이 두 측면은 하나님의 섭리 가운데 신비롭게 공존한다(22:22 참조; 행2:23).

3 이영식 문화 선교사에 의해서 기획되고 제작된 <빌라도의 고백> 연극은 예수님을 십자가에 못 박게 내어준 빌라도가 죄책감에 시달리다 독약을 마시고 죽기 직전에 했던 마지막 고백을 독백형식으로 만든 연극이다.

4 저자 누가는 23:1-25에서 빌라도가 예수님을 풀어주고자 나름 노력했던 장면을 묘사함으로써 예수님의 무죄함을 강력하게 암시하고 있다. 예수님의 무죄함에 대한 강조는 누가복음 22-23장 전반에 걸쳐 잘 나타난다. 저자 누가가 처한 1세기 상황에서 예수 그리스도의 무죄함을 입증하는 것은, 일부의 비난 및 오해와 달리 예수의 제자들이 로마사회를 위협하는 위험천만한 존재들이 아니며, 도리어 훌륭한 사회구성원임을 알리는 변증적 목적과 효과를 갖고 있다. 저자 누가가 그의 복음서의 속편인 사도행전 후반부(행23-28장)에서 바울의 재판 과정에 대한 꽤 상세한 기사를 제공하면서 그의 무죄를 변증하는 것 역시 이와 비슷한 목적과 효과를 갖고 있다.

5 시2:1-2의 인용.

6 국제사회에서 자신들의 과오를 잘 인정하지 않는 것으로 알려진 일본뿐 아니라 그와 대조적으로 자신들의 과오를 기꺼이 인정하고자 하는 것으로 정평이 난 독일 역시 여기서 완전히 자유롭진 못하다는 사실을 2008-2009년에 9개월간 독일에 머무는 동안 배우게 되었다. 적잖은 수의 독일인들은 히틀러가 오스트리아 출신인 점을 지적하며 나치가 범한 만행이 오스트리아 출신 히틀러와 그의 추종자 일부에 의해서 범해진 것이지 독일국민 전반은 그에 대한 책임이 없다는 식으로 선을 긋는다. 다행히 이것이 독일 정부의 공식적 입장은 아니지만, 성숙한 선진사회로 널리 알려진 독일에서조차 상당수의 개개인은 이처럼 자신들을 책임의 자리로부터 분리시키는 데 매우 익숙하다. 필자가 독일의 예에 대해 언급하는 것은 독일이라는 국가 혹은 그 시민들에 대해 비난하려는 의도가 있기 때문이 아니다. 누구나 책임을 회피하고 잡아떼기 식 선긋기에 몰두하는 과오를 범할 수 있다는 사실을 상기시키기 위함이다.

묵상과 적용을 위한 질문 1

자신의 잘못과 책임을 인정하지 않는 이들로 인해 마음이 상하고 답답했던 경험을 적어보세요. 당신은 자신의 잘못과 책임을 잘 인정하는 편입니까? 만일 아니라면, 왜 그렇다고 생각합니까?

_____

_____

묵상과 적용을 위한 질문 2

불의한 압력이 거셀지라도 그에 굴복하여 타협한다면 하나님과 이웃 앞에 변명의 여지가 없다는 엄중한 사실이 오늘 당신에게 어떤 격려와 도전을 가져다 주나요?

_____

_____

나/만/의/묵/상/메/모

- 오늘 묵상을 통해 주시는 은혜와 감동에 대해 자유롭게 기록해 보세요.

저자와 함께 하는 한 줄 기도

기도와 결단

> 주변의 불의한 압력에 타협하여 하나님이 주신 책임을 회피하는 죄에 빠지지 않게 하소서.

- 오늘 묵상한 말씀의 적용과 삶의 결단을 담아 자신의 기도를 적어보세요.

Day 27 / 무엇 때문에 울어야 하는가?

오늘의 본문
눅23:26-31

26 그들이 예수를 끌고 가다가 시골에서 올라오고 있던 구레네[1] 사람 시몬[2]을 붙잡아 십자가를 대신 지게 하고[3] 예수를 뒤따라가게 했습니다.

27 많은 사람들과 여자들이 큰 무리를 이루어 예수를 따라갔습니다. 여자들은 예수에 대해 슬퍼하며 통곡했습니다.

28 예수께서는 뒤돌아서 여자들에게 말씀하셨습니다. "예루살렘의 딸들아, 나로 인해 울지 말고 너희 자신과 너희 자녀들을 위해 울라.

29 보라. 너희가 '임신하지 못하는 여인과 한 번도 아기를 갖지 못한 태와 한 번도 젖을 먹이지 못한 가슴은 복이 있다'[4]라고 말할 때가 곧 올 것이다.

30 그때 사람들이 산에다 대고 '우리 위에 무너져 내려라!'라고 하며 언덕에다 대고 '우리를 덮어 버려라!'[5]라고 할 것이다.

31 나무가 푸를 때도 사람들이 이렇게 하는데 하물며 나무가 마를 때에는 무슨 일이 일어나겠느냐?"[6]

저자 해설 및 묵상

어린 아기들은 보통 세 가지 이유로 운다고 합니다. 첫 번째는 배고플 때 울고, 두 번째는 기저귀를 갈아 달라고 우는 것이며, 세 번째는 몸이 어딘가 불편하거나 아플 때 안아 달라고 우는 것입니다. 즉 자신의 지금의 필요가 만족하지 않을 때 그것을 알리기 위해 우는 것입니다. 사람은 점점 나이가 들어가면서 슬픈 일을 경험하거나 고통을 경험했을 때 울기도 합니다. 또한 가까운 가족과 친구의 죽음에 울기도 합니다. 오늘 본문에서 예수님은 십자가 형장을 향하시는 자신을 바라보고 가슴 치며 슬퍼하고 통곡하는 여인들에게, "예루살렘의 딸들아, 나로 인해 울지 말고 너희 자신과 너희 자녀들을 위해 울라"(28절) 고 말씀하십니다. 예수님 자신을 위해 슬퍼하는 대신 도리어 자기 자신들과 가족들을 위해서 애곡하라는 말씀입니다. 예수님께서 이렇게 말씀하신 이유는 역사적으로 머지않아 예루살렘에 심판이 임할 것이기 때문이었습니다. 실제로 예수님이 십자가에 못 박히신 시점으로부터 40년 후인, AD 70년에 예루살렘은 로마군대에 의해 참혹하게 파괴됩니다. 하나님을 배역하고 하나님이 보낸 메시아를 거부한 개인과 공동체가, 머지않아 받게 될 준엄한 심판과 그에 수반되는 고통이 얼마나 클지를 생생하게 아셨기에 이를 위하여 울라고 말씀하신 것입니다.

　오늘 예수님은 예루살렘의 여인들에게 뿐만 아니라, 이 시대 우리에게도 동일하게 말씀하십니다. "나로 인해 울지 말고 너희 자신과 너희 자녀들을 위해 울라"(28절). 우리 예수님께서 기대하시는 참된 눈물은 무엇일까요? 예수님의 십자가 고난을 생각하면서, 얼마나 아프셨을까, 얼마나 외로우셨을까, 얼마나 고통스러우셨을까만을 생각하면서 슬퍼하고 괴로워하는 모습일까요? 오늘 우리 예수님께서 우리에게 진정 원하시고 기대하시는 눈물은 바로 하나님 앞에 여전히 믿음의 길로, 순종의 길로 행하지 못하고, 내 중심의 정욕과 세상의 풍조에 밀려 죄악 가운데 허덕이고 있는 우리 자신과 우리 자녀들을 위해 가슴을 치며 온전한 회개와 영적인 회복을 위해서 통곡하며 부르짖어 기도할 것을 우리에게 말씀하

> 저자 해설 및 묵상

저자 해설 및 묵상

시는 것입니다. 이것이 우리 예수께서 기대하시고 원하시는 참된 고난 주간의 모습입니다. 왜 그럴까요? 바로 우리 예수님께 그러한 은혜와 회복을 위해 그 끔찍하고 고통스러운 십자가의 고난과 죽음을 다 참아내셨기 때문입니다.

오늘 우리를 가장 슬프게 하고 우리로 하여금 눈물짓게 하며 통곡하게 하는 일은 무엇인가요? 우리가 진심으로 가슴 아파하고 애곡해야 할 일이 있다면, 하나님으로부터 멀리 떠난 이 사회, 그리고 세상과 크게 다르지 않은 그리스도인들, 나아가 우리 자신과 가족들의 모습은 아닐까요? 여러 다른 일들로 인해 쉽게 슬퍼하고 걱정하며 마음에 짐을 느끼지만, 막상 우리 자신의 타협하는 모습에 대해서는 스스로 너무나 무감각한 것은 아닌지요?

말로는 아니지만, 실제 삶으로는 하나님을 거부하고 멀리하는 우리 모습은, 영적 우상 숭배자가 되어버린 채 자신들의 참상을 깨닫지 못했던 1세기의 예루살렘 주민들과 같은 것은 아닌가요? 그들처럼 우리 역시 자신들의 비참한 영적 실상(계3:1, 3:17 참조)에 대해 너무 무지한 것은 아닌가요? 하나님의 진노를 불러올 우리 자신과 사회의 영적 우상숭배와 반역에 대해서, 우리는 너무 쉽게 간과하고 있는 것은 아닌가요? 오늘 우리는 무엇을 위해 울어야 하나요?

오늘 우리 한국교회의 영적인 혼란과 실상을 바라보며, 우리는 거리에 나가서 외칠 수도 있습니다. 각 교단 총회에서 엄격한 법을 만들 수도 있습니다. 그러나 먼저 느헤미야 처럼(느1:1-11), 다니엘처럼(단9:1-19) 우리가 한국교회의 죄악과 연약함을 나의 죄악처럼 주님 앞에 내려놓고 금식하며 애통

함으로 회개하며 기도할 때 자비로우시고 은혜로우신 우리 하나님께서 한국교회의 새로운 영적인 새벽을 밝히실 것입니다(약4:8-9; 욜2:13 참조).

저자 해설 및 묵상

1 북아프리카의 도시로 당시 유대인들이 많이 거주했던 지역이다. 현재 리비아(Libya)에 해당한다.
2 구레네 사람 시몬의 이름과 출생이 구체적으로 언급된 것을 살펴볼 때, 아마도 누가의 원독자가 이 사람에 대해 혹은 이 사람에 대한 이야기를 이미 알고 있었던 것으로 추측해 볼 수 있다. 누가의 독자는 예수님에 대한 이야기를 처음 듣는 복음전도대상자가 아니었다. 오히려 이미 배운 것들을 확증해야 하고 복음을 변증해야 할 필요가 있는 신자였다(눅1:4).
3 1세기 당시 로마제국의 십자가 처형은 보통 십자가의 세로축은 이미 땅에 고정해 둔 채, 죄수가 십자가의 가로축을 지고 사형장으로 나아가게끔 했다. 그리고 사형 집행 시에 죄수가 지고 간 가로축을 땅에 고정된 세로축에 연결했다. 세로축은 종종 그림에서 보는 것과 달리 길이가 그리 길지 않았다. 구레네 사람 시몬이 예수님의 십자가를 대신 지고 간 것은 앞선 채찍질로 인해 예수님의 몸이 이미 심하게 상했기 때문이다(막15:15). 그렇게 볼 때 예수님께서 지금 이 지점까지 십자가를 지신 것 만도 대단한 일이었다. 당시에는 로마 군병이 시민을 임의로 차출하여 자신을 위해 물건을 운반하는 일을 돕도록 요구할 수 있었다.
4 이는 주 후 70년 예루살렘의 참혹한 멸망 당시 자녀의 비참한 죽음을 목도한 후 어머니가 할 법한 이야기로 볼 수 있다.
5 호세아10:8의 인용이다. 호세아 10장의 자체 맥락에서 이 인용부는 우상숭배로 가득 찬 사마리아를 하나님께서 이방인(앗시리아)을 통해 심판하실 것을 말한다. 현 본문(누가복음 23장)에서 이 인용부는 과거 사마리아의 우상 숭배자들처럼 하나님을 배역하고 저버린 이스라엘을 하나님이 이방인(로마)을 통해 준엄하게 심판하실 것을 말해 준다.
6 "나무가 푸를 때"는 예수님이 이 땅에 계시며 하나님 나라의 복음을 선포하시고 시연하셨을 때를 가리킨다. "나무가 마를 때에는"는 하나님의 준엄한 심판과 거룩한 진노가 예루살렘 위에 임할 때, 즉 AD 70의 예루살렘 멸망을 가리킨다. 31절에서 예수님이 말씀하신 내용의 핵심은 예루살렘 성전이 파괴될 AD 70의 상황이 실로 참담할 것이란 점이다. 그렇기에 예수님의 십자가 처형으로 인해 슬퍼하고 통곡하는 여인들은 예수님을 위해 우는 것이 아니라, 도리어 자신들과 자녀들을 위해 울어야 한다(28절)

| 묵상과 적용을 위한 질문 1 | 현재 당신을 슬프게 하고 눈물짓게 하는 일은 무엇입니까? 왜 그 일이 당신을 가슴 아파하게 합니까? |

| 묵상과 적용을 위한 질문 2 | 하나님께서는 당신이 무엇을 위해 울기를 원하십니까? |

나/만/의/묵/상/메/모

- 오늘 묵상을 통해 주시는 은혜와 감동에 대해 자유롭게 기록해 보세요.

저자와 함께 하는 한 줄 기도

기도와 결단

> 다른 무엇보다 우리 자신과 주변의 영적 실상으로 인하여 슬퍼하고 애통하는 마음을 주옵소서.

- 오늘 묵상한 말씀의 적용과 삶의 결단을 담아 자신의 기도를 적어보세요.

Day 28 / 예수님이 원수를 다루는 아주 독특한 방식

오늘의 본문
눅23:32-34

32 죄수들인 다른 두 사람도 사형을 받기 위해 예수와 함께 끌려갔습니다.
33 '해골'[1]이라고 하는 곳에 이르자 그들은 예수를 십자가에 못 박고 두 죄수도 하나는 그 오른쪽에, 하나는 그 왼쪽에 못 박았습니다.
34 예수께서 말씀하셨습니다. "아버지, 저들을 용서해 주소서. 저들은 자기들이 하고 있는 일을 알지 못합니다." 그때 군인들은 제비를 뽑아 예수의 옷을 나눠 가졌습니다.[2]

저자 해설 및 묵상

오늘 본문에서 예수님께서는 자신에게 가장 참혹하고 저주스러운 사형을 집행하는 이들, 그리고 자신을 향해 '십자가에 못 박으시오!'라고 외치는 이들을 위해 기도하십니다. 그들에게 복수해 주시도록 하나님께 간구하시는 것이 아니고, 그들의 죄를 사해 주시도록 기도하시는 것입니다: "아버지, 저들을 용서해 주소서. 저들은 자기들이 하는 일을 알지 못합니다." 이렇게 함으로써 예수님께서는 원수를 사랑하고 그들을 위해 기도하라는 자신의 가르침을 몸소 실천하십니다. 심지어 십자가에 못 박혀 피를 흘리고, 몸이 찢겨 죽어 가시는 중에도 그렇게 하셨습니다.

사도행전7:60은 예수 그리스도의 영인 성령으로 충만한 제자 한 사람(6:5 참조)이 같은 기도를 드리는 것을 기록합니다. 바로 스데반입니다. 그는 자신을 핍박하고 죽이는 이들을 위해 '주여, 이 죄를 저 사람들에게 돌리지 마소서'라고 외칩니다.[3] 동족에게 돌로 쳐 죽임을 당하면서 그렇게 무릎 꿇고 큰 소리로 외친 것이 스데반이 이 땅에서 했던 마지막 행동이었습니다. 그를 죽이는데 동조했던 이들 중 한 명은 길리기아 다소 출신의 사울입니다(7:58; 8:1). 우리가 '사도바울'로 알고 있는 그 사람이죠. 바울의 회심(행9:1-19)은 하나님의 주권적 은혜의 표현인 동시에, 순교의 순간에 외쳤던 스데반의 한 마디 기도에 대한 주님의 응답입니다.

위에서 자신을 죽이는 이들을 위해 기도하셨던 예수님의 모습 그리고 자신을 죽이는 이들을 위해 기도했던 예수님의 제자인 스데반의 모습에 대해서 간략히 살펴보았습니다. 그렇지만 거기서 끝나면 안 됩니다. 예수님과 스데반의 모습을 바라보고 감탄하는 데서 끝나면 안 됩니다. 우리의 삶에 관해서도 살펴보아야 하겠습니다. 우리에게 아픔을 안겨다 주고 고통을 가져오는 이들을 향해 우리는 어떻게 반응하나요? 그들에 대한 미움과 복수심으로 가득 차 있다면, 오늘 우리는 예수님의 기도에 주목해야 합니다. "아버지, 저들을 용서해 주소서. 저들은 자기들이 하는 일을 알지 못합니다."

나를 어렵게 하고 힘들게 하는 자들에게 그만큼 되돌려주고 싶은 게 타락한 세상을 살아가는 인간의 본성이라고 여길지도 모릅니다. '크리스천들도 별반 다르지 않더라'고 말하는 이들도 많겠습니다. 그러면서 원수를 미워하는 자신을 정당화하려 들 것입니다. 그러나 그게 예수님의 방식은 아닙니다. 예수님의 기도에 귀 기울이시기 바랍니다.

"아버지, 저들을 용서해 주소서. 저들은 자기들이 하는 일

> 저자 해설 및 묵상

을 알지 못합니다."

사실 원수를 위해 기도하자고 그리고 그들을 사랑한다고 입으로 말하기는 상대적으로 쉽습니다. 그러나 실제로 그렇게 실천하기는 그보다 훨씬 어렵습니다. 예수님은 그의 사역 가운데 원수를 사랑하고 원수를 위해 기도할 것을 가르치셨습니다.

"너희를 저주하는 사람들을 축복하고 너희에게 함부로 대하는 사람들을 위해 기도하라."(눅6:28)

"그러나 너희는 원수를 사랑하고 잘해 주며 돌려받을 생각 말고 빌려 주라. 그러면 너희 상이 클 것이고 너희가 지극히 높으신 분의 아들이 될 것이다. 하나님께서는 은혜를 모르는 사람들과 악한 사람들에게도 인자하시기 때문이다."(눅6:35)

그러나 예수님은 단지 원수사랑 그리고 원수를 위한 기도를 가르치신 게 아니라, 이를 직접 실천하셨습니다. 단순히 중립적인 상황에서 혹은 약간의 어려움이 있는 중에 실천하신 게 아니라 십자가에서 못 박혀 극도로 치욕적이고 고통스럽고 잔인한 죽음을 죽으시면서도 그렇게 하셨습니다. 독자들 중 많은 수가 이미 원수를 사랑하고 원수를 위해 기도하라는 예수님의 가르침에 친숙하실 줄로 생각합니다. 그러나 오늘 여러분에게 필요한 것은 그저 그 가르침에 친숙해지는 것이 아니라 그 가르침을 실천하는 것입니다. 우리가 편하고 중립적인 상황에 있고 고통이 견딜만 할 정도일 때뿐 아니라, 고통의 무게가 우리를 짓누를 정도로 극에 달할 때에도 그렇게 하기를 원하십니다. 그것이 바로 십자가의 주 예수님을 따르는 길입니다. 나에게 고통을 주는 사람을 용서하고 그를 위해서 기도하는 일이 결코 쉽지는 않습니다. 그러나 그것이 예수님이 우리에게 시연하시고 또 명령하신 바이고, 또 무엇보다 하나님이 그리스도 안에서 우리를 대하신 방식입니다(롬5:8 참조).

> 저자 해설 및 묵상

---

1 마태, 마가, 요한은 이곳의 지명이 아람어로 '골고다'('해골'이라는 뜻)였다는 것을 명시한다(마27:33; 막15:22; 요19:17). '해골'이라는 지명은 바로 이 장소에서 로마의 십자가형이 집행되어 많은 사람들이 죽었기에 붙여진 것이 아닌가 싶다. 해당 지역의 지형이 해골 모양과 비슷해서 붙여진 이름이라고 추측하는 경우도 있지만 이곳이 구체적으로 어느 장소인지에 대해서는 확실히 알려진 바가 없다. 우리가 자주 사용하는 단어 '갈보리'는 '해골'을 뜻하는 라틴어 단어에 그 기원을 두고 있다.
2 시편22:18을 참고하라. 시편22편은 '의인의 고통'이라는 주제를 생생하게 그려주고 있다.
3 행7:60의 앞선 절들(verses), 특히 55-59절을 살펴볼 때, 스데반은 이 기도를 주 예수님께 드렸다. 그에 더불어 주목할 사실은, 예수님은 십자가 상에서 임종하시기 직전 자신의 영혼을 아버지께 의탁하신 반면(눅23:46), 스데반은 예수님께 자신의 영혼을 의탁했다는 것이다(행7:59). 예수님이 기도의 대상이라는 점 그리고 임종 시에 영혼을 의탁할 대상이라는 점 모두 예수님의 신성(divinity)에 대한 증거이며, 매우 중요한 기독론적 함의를 지니는 요소다.

| 묵상과 적용을
위한 질문 1 | 당신 삶의 진짜 원수 혹은 '웬수'가 누구입니까? |

| 묵상과 적용을
위한 질문 2 | 그를 어떻게 바라보고 계십니까? 그를 위해 기도하십니까? 어떻게 기도하고 하십니까? |

나/만/의/묵/상/메/모

- 오늘 묵상을 통해 주시는 은혜와 감동에 대해 자유롭게 기록해 보세요.

저자와 함께 하는 한 줄 기도

기도와 결단

> 예수님처럼 원수를 위해서 진정으로 기도할 수 있는 은혜의 마음을 부어 주옵소서.

- 오늘 묵상한 말씀의 적용과 삶의 결단을 담아 자신의 기도를 적어보세요.

과연 무엇이 '성공'인가? (I)

오늘의 본문
눅23:35-38

35 백성들은 서서 지켜보고 있었고 지도자들은 심지어 예수를 조롱하며 말했습니다. "이 사람이 다른 사람들은 구원했다지. 자기가 택하심을 입은 하나님의 그리스도라면 자기도 구원하라지."[1]
36 군인들도 와서 예수를 조롱했습니다. 그들은 예수께 신 포도주[2]를 들이대며
37 "네가 유대 사람의 왕이라면 어디 너 자신이나 구원해 보시지!"라고 말했습니다.
38 예수의 머리 위에는 '이는 유대 사람의 왕'이라고 적힌 패가 붙어 있었습니다.

저자 해설 및 묵상

　　다양한 사람들이 '성공(success)'에 대해 다양한 견해를 내놓습니다. 칼럼니스트 이원영은 성공에 대한 다양한 정의에 대해 언급합니다.
　　허핑턴포스트 창업자 아리아나 허핑턴(Arianna Huffington)은 제3의 성공이라는 저서를 통해 인생을 정말 원하는 것으로 만들려면 제3의 기준이 필요하다고 말한다. 이는 지금까지 가장 큰 기준이라고 말하는 돈과 권력을 넘는 것으로 건강과 지혜, 웰빙, 여행, 베풂 4가지를 말한다 [중략] 버진그룹 회장인 리처드 브랜슨(Richard Branson)이 말하는 성공은 일에 몰두하는 것이다. 중고 레코드 판매로 시작해 대기업인 버진그룹을 만들고 50억 달러에 달하는 자산을 지닌 그는 '더 일에 몰두하면 더 깊이 자신의 성공을 느낄 수 있다'

는 말로 일에 몰두해서 얻는 성공을 말한다. 의사이자 작가인 디팩 초프라(Deepak Chopra)는 성공을 항상 성장하는 것이라고 말한다. 그는 저서에서 성장을 지속하는 게 행복도 커지는 길이라면서 단계마다 적당한 목표를 달성하는 걸 계속 해나가야 한다고 말한다. 성장의 중요성을 강조한 것이다.[3]

성공에 대한 다양한 정의가 존재하고, 그들 중에는 더 궁극적인 가치를 추구하는 것과 일시적인 가치를 추구하는 것들이 공존합니다. 하지만 일상으로 돌아와 보면 여전히 대부분의 사람은 돈을 많이 벌고, 유력한 사회적 지위에 도달하고, 명예를 얻고, 권력을 획득하는 것을 성공의 척도로 생각합니다. 그리고 교회 다니는 분 중에도 생각이 그리 다르지 않은 분들을 종종 만나보게 됩니다. 예를 들어, 교회 소그룹 모임에서 나눌 때는 성공에 대해 좀 '경건하게' 정의하더라도, 막상 자녀들이 '성공'하게 해 달라고 기도할 때면 그 성공의 내용이 많은 경우 돈, 명예, 권력과 직접 연관되어 있습니다. 그런데 성경적 관점에서 '성공'이란 과연 무엇을 의미할까요? 오늘은 누가복음23:35-37에 근거하여 '성공'이 무엇인지에 대해 함께 묵상하는 시간을 갖도록 하겠습니다.

예수님이 생각하는 성공의 기준과 세상이 말하는 성공의 기준은 다릅니다. 세상의 관점에서 보면, 예수님은 성공한 사람이 아니라 실패자처럼 보입니다. 대제사장을 비롯한 1세기 유대교의 주요 지도자들은 예수님을 배척하고 죽이려 했습니다. 게다가 제자 중 한 사람인 가룟 유다는 예수님과 3년간 합숙 훈련을 했지만, 결국 그의 스승 예수님을 유대교의

저자 해설 및 묵상

지도자들에게 팔아넘깁니다. 또한 예수님 열두 제자의 반장 격인 베드로는 세 번이나 예수님과의 관계를 강력하게 부인합니다. 나아가 예수님은 누가복음23장에서 십자가에 못 박혀 죽게 되는데, 이는 유대교의 관점에서 보면, 하나님께 저주를 받았다는 뜻이요(갈3:13; 신21:23), 로마인의 관점에서 보면 로마 황제에 대항하는 위험천만한 이방인 정치범으로 취급되어 처단되었음을 뜻합니다.

실제로 오늘 본문인 누가복음23:35-37은 예수님의 십자가 처형 장면을 목도하던 다양한 사람들이 '자신도 구원하지 못하는 인물이 어떻게 메시아가 될 수 있느냐'며 예수님을 조롱하는 장면을 기록합니다. 세상의 관점에서 보면, 십자가에 달린 예수님은 1세기 유대인과 이방인의 관점에서 모두 처절한 실패자로 보입니다. 그러나 하나님의 관점은 그와 다릅니다. 우리는 여기서 예수님이 가진 성공의 기준과 세상이 말하는 성공의 기준이 다름을 봅니다.

그렇다면 성경이 말씀하는 성공은 무엇일까요? 성경에 따르면, '끝까지 하나님께 순종(obey)하는 것'이 바로 성공입니다. 즉 하나님께 끝까지 순종하면 그 자체로 성공하는 것이고, 하나님께 불순종하면 그 자체로 실패하는 것입니다. 세상의 기준으로 보면 실패자처럼 보이는 예수님은 하나님께 끝까지 신실하게 순종하고 충성하셨습니다. '나의 원대로 마시고 아버지의 원대로' 해달라고 예수님 자신이 제자들에게 가르쳐주신 기도(주기도문)와 일맥상통하는 기도를 드리시고(눅11:2-4; 마6:5-15), 아버지의 뜻에 끝까지 그리고 죽기까지 순종하셨습니다(빌2:8). 사람의 눈에는 실패자로 비칠지라도

하나님께 끝까지 순종한다면 그것이 성공입니다. 인간의 눈에는 별 것 아닌 듯 보이고 세상의 잣대로는 지지리 못나게 보일지 모르나, 끝까지 하나님께 순종하고 신실함을 지킨다면, 이미 그 자체로 성공한 것입니다.

저자 해설 및 묵상

---

1 시편22:7-8을 참고하라.
2 바로 이어지는 37절이 보여주듯, 신 포도주를 제공한 것은 조롱과 모욕의 한 방식이었다. 시편69:21을 참고하라.
3 다음의 웹사이트에서 직접 인용함: http://www.techholic.co.kr/news/articleView.html?idxno=17945. 단, 기존의 문단구분은 없애고 인용했음.

묵상과 적용을 위한 질문 1 당신이 생각해 온 '성공'은 어떤 것이었습니까?

_____

_____

묵상과 적용을 위한 질문 2 성경이 말하는 '성공'은 무엇입니까?

_____

_____

묵상과 적용을 위한 질문 3 성경에 비추어 볼 때, 당신의 성공관은 어떻게 조정되어야 합니까?

_____

_____

나/만/의/묵/상/메/모

- 오늘 묵상을 통해 주시는 은혜와 감동에 대해 자유롭게 기록해 보세요.

저자와 함께 하는 한 줄 기도

기도와 결단

> 주님! 하나님에 대한 순종이 그 자체로 최고의 성공임을 깊이 깨닫게 해 주옵소서.

- 오늘 묵상한 말씀의 적용과 삶의 결단을 담아 자신의 기도를 적어보세요.

과연 무엇이 '성공'인가? (II)

오늘의 본문
눅23:35-38

35 백성들은 서서 지켜보고 있었고 지도자들은 심지어 예수를 조롱하며 말했습니다. "이 사람이 다른 사람들은 구원했다지. 자기가 택하심을 입은 하나님의 그리스도라면 자기도 구원하라지."
36 군인들도 와서 예수를 조롱했습니다. 그들은 예수께 신 포도주를 들이대며
37 "네가 유대 사람의 왕이라면 어디 너 자신이나 구원해 보시지!"라고 말했습니다.
38 예수의 머리 위에는 '이는 유대 사람의 왕'이라고 적힌 패가 붙어 있었습니다.

저자 해설 및 묵상

　우리 주위에 결말이 좋지 않은 사업가들, 정치인들, 종교인들을 종종 보게 됩니다. 아무리 현재 잘 나가고 성공적인 삶을 사는 것 같아도 결말이 좋지 않다면 참으로 성공했다고 말할 수 없습니다. 반면, 처음과 중간에는 어려워도 끝이 좋으면 성공했다고 말합니다. 예수님을 믿지 않는 사람들도 그에 대해서는 동의할 것입니다.
　우리의 성공 여부는 종말의 날에 확실히 드러납니다. 예수님의 성공은 그의 부활을 통해 확증되었습니다. 예수님께서 부활하지 않으셨다면, 예수님은 영원히 실패자로 기억되거나 역사의 기억에서 사라졌을 것입니다. 그러나 예수님께서는 죽음에서 부활하심으로 자신이 하나님의 아들이심과 그리고 자신의 사역이 궁극적으로 성공이었음을 입증하셨습니

> 저자 해설 및 묵상

다. 우리의 성공 여부 역시 부활의 날에 결판이 납니다. 그 날에 모든 인간은 하나님 앞에 서서 영생에 이르는 부활, 혹은 영벌에 이르는 부활의 심판 선고를 받게 됩니다.

크리스천은 종말의 관점에서 현재를 사는 자들입니다. 당신은 영생의 부활에 이르는 믿음을 갖고 살아가고 있습니까? 아니면 영벌에 이르는 가짜 믿음을 갖고 살고 있습니까? 어디를 향하여 달려가고 있습니까? 우리는 사람들의 칭찬과 인정에 목매어 사는 것이 아니라, 종말의 날에 주님이 주실 칭찬을 기대하고 사모하며 살아가야 합니다.

예수 그리스도께서는 구원의 역사를 완성하시는 종말의 날에, 신실하고 충성되게 주님을 의지하고 순종하는 개인과 공동체를 칭찬하심으로 순종이 성공임을 확증해 주실 것입니다.

여러분이 종말의 날에 주님께 꾸중 듣는 자가 아니라 칭찬 받는 자들이 되시길 간절히 바랍니다. 그리고 종말의 날과 주님의 마지막 심판을 염두에 두고, 하루하루 하나님께 신실하고 충성되게 순종하는 자들이 되시길 바랍니다. 주변 사람들의 이야기를 무시하는 것도 문제지만, 사람들의 평가에 목메어 지내고 있다면, 그 역시 심각한 문제입니다. 사실 그것이 저자와 대부분 사람이 매일 극복해야 할 문제이고, 그런 뜻에서 오늘 묵상한 누가복음23장의 말씀은 바로 우리를 위한 말씀입니다. 기억하십시오! 우리의 성공에 대한 평가는 현재시제가 아니라 미래시제입니다!

| 묵상과 적용을 위한 질문 1 | 위의 내용에 따르면, 진정한 성공은 언제 결정됩니까? |

| 묵상과 적용을 위한 질문 2 | 당신은 1번 질문에 대한 답을 정말 믿습니까? 만일, 믿는다면 그러한 믿음이 당신의 삶에 어떤 통찰력을 제공해 줍니까? 만일 믿지 않는다면, 왜 그것을 믿기가 어렵습니까? |

| 묵상과 적용을 위한 질문 3 | 성경이 말씀하는 궁극적 성공을 경험하기 위해 지금 해야 할 일 혹은 바꾸어야 할 것이 있다면 무엇입니까? |

나/만/의/묵/상/메/모

- 오늘 묵상을 통해 주시는 은혜와 감동에 대해 자유롭게 기록해 보세요.

저자와 함께 하는 한 줄 기도

기도와 결단

> 눈앞에 보이는 덧없는 것들 너머, 부활의 날에 주께서 주실 그 영원한 성공을 구하게 하소서.

- 오늘 묵상한 말씀의 적용과 삶의 결단을 담아 자신의 기도를 적어보세요.

Day 31 / 죽음보다 강한 소망

오늘의 본문
눅23:39-43

39 십자가에 달린 죄수 중 하나가 예수를 모독하며 말했습니다. "네가 그리스도가 아니냐? 그러면 너와 우리를 구원해 보아라!"
40 그러나 다른 죄수는 그를 꾸짖으며 말했습니다. "너도 똑같은 십자가 처형을 받고 있으면서 하나님이 두렵지도 않느냐?[1]
41 우리는 우리가 저지른 짓이 있으니 마땅히 받을 벌을 받는 것이지만 이분은 잘못한 일이 아무것도 없다!"
42 그리고 말했습니다. "예수여, 당신의 나라에 들어가실 때 저를 기억해 주십시오."
43 예수께서 그에게 대답하셨습니다. "내가 진실로 네게 말한다. 오늘 네가 나와 함께 낙원[2]에 있을 것이다."

저자 해설 및 묵상

누가는 예수님과 함께 십자가에 달렸던 강도들에 대해 다른 복음서 기자들보다 더 상세한 묘사를 제공합니다. 이 두 강도 중 한 사람은 자기 죽음이 임박한 시점에 "예수여, 당신의 나라에 들어가실 때 저를 기억해 주십시오"라고 예수님의 긍휼을 구하며 자신의 영혼을 예수님께 부탁합니다. 이때 예수님께서는 강도의 과거 잘못을 질책하지 않으셨습니다. 도리어 예수님은 "내가 진실로 네게 말한다. 오늘 네가 나와 함께 낙원에 있을 것이다"라고 말씀해 주십니다. 여기서 "내가 진실로 네게 말한다"라는 표현은 예수님이 강조하실 때 쓰시는 표현입니다. 그러니까 예수님은 강도가 임종 후 주님과 함께 낙원에 있을 것이라고 분명히 확인해 주시는 것입니다. 이

> 저자 해설 및 묵상

말씀을 듣고 강도는 십자가에서 죽어가는 극심한 고통 가운데서도 마음에 참된 안식과 평안을 누렸을 것으로 생각합니다.

강도질하다가 결국 로마의 형틀에 매달려 비참하게 죽어가는 강도일지라도, 진심으로 자신의 죄를 회개하고 예수님의 긍휼과 자비를 구할 때 예수님께서는 그를 결코 외면치 않으셨습니다. '너, 지금까지 그렇게 살다가 이제 와서 무슨 소리냐? 넌 글렀다. 너는 너무 늦었다' 하지 않으셨습니다. 그래서 우리에게는 희망이 있습니다. 우리 삶이 과거에 어떠했고 또 지금 우리가 어떤 상태에 있든지, 예수님께 나와 겸손히 긍휼과 자비를 구하고 우리를 그분-우리 죄를 지시고 십자가에서 대신 죽으신 그분-께 의탁한다면 예수님은 결코 외면하지 않으십니다.

예수님은 그에게 "오늘 네가 나와 함께 낙원에 있을 것이나"라고 말씀해 주십니다.[3] 이 강도는 장차 도래할 미래의 결정적인 시점에 자신을 기억하여 달라고 부탁을 드리지만, 예수님은 그때가 아니라 바로 "오늘" 그가 예수님과 함께 낙원에 있을 것이라고 말씀해 주십니다. 이 말씀은 예수님을 의지하는 영혼에 하나님의 구원이 즉각적으로 임함을 보여줍니다(눅4:21; 19:5, 9 참조). 그러므로 오늘 주님께 여러분의 모습 그대로 바로 나아오십시오!

모든 철학자, 나아가 모든 인간에게 가장 큰 좌절과 두려움을 주는 실체가 바로 죽음입니다. '나 멋지게 한 번뿐인 인생, 내 뜻대로 살다가 가리라'고 큰소리치던 사람도 막상 죽음을 앞두고는 작아집니다. 작아지는 것을 넘어서 거의 무

> 저자 해설 및 묵상

(無)존재처럼 되어 버리기도 합니다.

심지어 그리스도인들도 죽음 이후에 있을 일에 대해 구체적으로 알지 못해 두려워하곤 합니다. 성경에서 죽음 이후의 상태에 대해 말해 주고 있는 구절들이 여러 군데 있습니다. 동시에 죽음 이후에 대해 성경이 직접 말해주지 않는 부분들도 많이 있습니다. 하지만 우리가 죽음 이후의 상황에 대해서 다 알지 못한다고 해서 두려워할 필요는 없습니다. 우리는 주님과 함께 있을 것이기 때문입니다(빌립보서1:23). 사실 이 땅에서의 삶에 대해서도 우리가 모르는 것이 너무나 많습니다. 내일 일도 모르고 한 치 앞도 내다보지 못하는 게 우리 인간입니다. 그러나 이 땅에 살 때, 주께서 우리와 함께하신다는 사실이 우리에게는 큰 위로요 힘입니다. 이 땅을 떠난 후에도 역시 마찬가지입니다.

내세에 대한 확신은 '무엇(what)'의 문제가 아니라 '누구(who)'의 문제입니다. 내세에 구체적으로 무슨 일들이 있을지 우리는 다 알지 못합니다. 그러나 우리는 예수님이 우리와 함께하실 것을 압니다(빌1:23, 마28:20, 요14:2-3 참조). 이 땅에서 사는 동안, 그리고 이 땅을 떠날 때 두려움이 우리에게 엄습해 온다면, 우리와 변함없이 함께하시는 예수님을 바라보면 됩니다. 주 예수 그리스도는 어제나 오늘이나 영원토록 동일하십니다. 주님은 우리가 사나 죽으나 우리와 함께하십니다. 사나 죽으나 우리는 주의 것입니다. 우리가 주의 것이며 주께서 우리와 함께하시기 때문에 두려워할 필요가 없습니다. 그저 우리 존재 전부를 십자가에 달려 우리 대신 조롱 받고 우리 대신 죽어주신 예수 그리스도께 의탁하기만 하면

됩니다. '두려워 말고 믿기만 하라'(눅8:50; 막5:36)는 주님의 말씀은 우리가 이 땅을 떠나는 그 순간에도 변함없이 적용됩니다. 그리고 오늘 우리의 삶에도 그대로 적용됩니다.

사나 죽으나 우리에겐 예수님뿐입니다. 주님 옆 한 편에 달려 십자가형을 받던 강도에게 해 주셨던 말을 기억하십시오: "오늘 네가 나와 함께 낙원에 있을 것이다." 흉악한 강도에게 그렇게 말씀해 주셨던 주님이 우리가 이 세상을 떠날 때 우리의 소망이 됩니다. 그 강도를 향한 예수님의 긍휼과 자비를 기억하십시오. 그렇게 긍휼과 자비가 풍성하신 예수님을 우리가 믿고 따르기에, 우리는 죽음을 앞두고도 그리고 죽음 같은 현실을 직면하면서도 여전히 소망 가운데 나아갈 수 있습니다. 예수님이 우리에게 죽음보다 강한 소망되십니다!

> 저자 해설 및 묵상

---

1 이 강도는 적어도 이스라엘의 하나님을 향한 기본적인 경외심을 갖고 있었다. 우리들은 어떠한가? 우리는 정말 하나님을 경외하는가? 잠언 기자가 말한 지혜와 지식의 근본인 하나님 경외함이 우리 가운데 있는가?
2 이 땅에서의 삶을 마감한 후에 의인의 영혼이 거하는 곳을 가리킨다. '낙원'이라는 표현은 하나님의 새창조의 역사를 반영해 준다(사51:3 [창2:8이하 참조]).
3 예수님께서 이 강도와 나누신 이야기는 사회의 가장자리에 위치한 이들(세리, 죄인, 창기)에 대한 예수님의 관심과 일맥상통한다(참조: 눅15:1-2; 19:1-10). 예수님은 자신의 임종을 앞두시고도 그러한 관심을 변함없이 유지하셨다!

| 묵상과 적용을
위한 질문 1 | 당신이 가장 두려워하는 것이 무엇입니까? |

| 묵상과 적용을
위한 질문 2 | 예수께서는 우리와 함께하시되, 죽음 너머까지도 우리와 함께하십니다. 이러한 진리에 기반하여 두려움과 죽음에 대한 당신의 생각이 어떻게 조정(adjustment)되어야 합니까? 그러한 조정의 과정이 우리 일상의 삶에 어떤 영향을 가져옵니까? |

나/만/의/묵/상/메/모

- 오늘 묵상을 통해 주시는 은혜와 감동에 대해 자유롭게 기록해 보세요.

저자와 함께 하는 한 줄 기도

기도와 결단

> 죽음 그리고 죽음 같은 상황 가운데 두려워 말고, 참 소망이신 예수님을 굳게 바라보게 하소서.

- 오늘 묵상한 말씀의 적용과 삶의 결단을 담아 자신의 기도를 적어보세요.

Day 32 / 신뢰의 '끝판 왕'

오늘의 본문
눅23:44-49

44 정오쯤 돼 어둠이 온 땅을 뒤덮으니, 오후 3시까지 계속됐습니다.
45 해가 빛을 잃었고 성전의 휘장 한가운데가 찢어졌습니다.[1]
46 예수께서 큰 소리로 부르짖으셨습니다. "아버지여, 제 영혼을 아버지의 손에 맡깁니다."[2] 이 말씀을 하시고 나서 숨을 거두셨습니다.
47 백부장은 그 일어난 일을 지켜보고 하나님께 영광을 돌리며 말했습니다. "이분은 참으로 의로운 분[3]이셨다."
48 구경하려고 몰려든 사람들도 모두 이 사건을 보고 가슴을 치며[4] 돌아갔습니다.
49 그러나 예수를 알고 있던 모든 사람들과 갈릴리에서부터 예수를 따라왔던 여인들은 멀리 서서 이 일을 지켜보았습니다.

저자 해설 및 묵상

구두 수선공 출신으로 미국의 훌륭한 부흥사였던 드와이트 무디(Dwight L. Moody)는 죽기 직전에 이런 말을 남겼습니다. "나는 땅이 물러나고, 하늘이 열리는 것을 본다. 하나님이 나를 부르고 계신다." 하나님을 철저하게 신뢰했던 무디에게 있어서, 죽음이란 하나님 품을 향한 복된 관문이었습니다. 오늘 본문에서 예수님은 임종 직전에 "아버지여, 제 영혼을 아버지의 손에 맡깁니다"라고 외치십니다. 하나님 아버지만을 신뢰하며 사셨고 또 하나님 아버지만을 신뢰함으로 십자가의 길을 걸어가신 예수님께서는, 이제 죽음의 문턱에서도 하나님 아버지를 절대적으로 신뢰하십니다.

> 저자 해설 및 묵상

"아버지여, 제 영혼을 아버지의 손에 맡깁니다"라는 예수님의 기도는, 시편 31:5에 기록된 다윗의 기도와 동일합니다. 그런데 시편31편에서 다윗의 기도는 하나님에 대한 신뢰의 고백으로 이어집니다. "주의 손에 내 영을 맡깁니다. 오! 여호와 진리의 하나님이여, 나를 구원하소서." (시31:5)

현대인들에게는 생소한 일이지만, 사실 당시의 유대인들은 성경구절 일부만을 언급함으로써 해당 구절 전체를 상기시키는 기법을 자주 사용했습니다. 예수님께서 십자가 상에서 시편31편에 있는 다윗의 기도를 인용하시면서 해당 구절의 맥락을 모르셨을리 없습니다. 해당 구절의 원래 맥락을 생각할 때, "아버지여, 제 영혼을 아버지의 손에 맡깁니다"라는 예수님의 기도는 죽음 이후에 대한 불안감에서 나오는 기도가 아니라, 하나님 아버지에 대한 신뢰에서 나오는 기도입니다. 예수님께서는 가장 처참하고 저주스러운 십자가 사형틀에서 죽음을 앞두고도 흔들림 없이 하나님 아버지만을 신뢰하셨습니다. 그렇게 하심으로 우리들이 우리 자신의 죽음을 앞두고, 또 죽음과도 같은 극한 상황 앞에서 어떻게 해야 할지에 대한 본을 보여주셨습니다.

인간은 누구나 죽습니다. 우리 역시 예외가 아닙니다. 예수님께서 우리 생전에 재림하시지 않은 한 말입니다. 그러므로 인간에게 가장 중요한 문제는 '죽느냐, 죽지 않으냐?'가 아니라 '어떻게 죽음을 맞이하느냐?' 입니다. 한편 우리 인생 가운데, 죽음에 버금가는 고난과 시련들이 존재하기에, 죽음이 사실 삶과 얽혀 있다고도 말할 수 있겠습니다. 조금 다른 각도에서 우리는 70년, 80년 혹은 좀 더 길거나 짧게 살면서 서

누가복음 22-24장을 중심으로 **207**

> **저자 해설 및 묵상**

서히 죽어간다고도 말할 수 있겠습니다. 우리는 모두 시한부 인생을 살고 있습니다. 그 시한이 언제인지 모르고 그 시한까지 얼마의 시간이 남아있는지 모를 뿐이죠. 그렇게 죽음의 그림자가 드리워 있는 삶을 살면서 우리는 어떻게 그 죽음을 향해 나아가야 할까요? 주님께서 그 질문에 대해 몸소 답을 주셨습니다. 십자가에 달려 죽어가시면서도 오직 하나님 아버지만을 절대 신뢰하심으로 답을 우리 앞에 시연해 주셨습니다. 우리의 죽음의 방식은 '신뢰'여야 합니다. 하나님 아버지에 대한 절대 신뢰 말입니다. 자기 아들을 일으키신 하나님 아버지께서, 하나님의 아들인 예수 그리스도를 신뢰하고 따르는 우리도 일으키실 것입니다. 그렇기에 우리는 죽음을 맞이하거나 마치 죽음과도 같은 극한 상황을 맞이하면서 예수님이 기도하신 대로 기도할 수 있습니다. "아버지여, 제 영혼을 아버지 손에 맡깁니다." 하나님을 신뢰하는 자의 임종이 어떠해야 하는지를 몸소 보여주심으로써, 우리가 죽음 그리고 죽음 같은 상황들을 어떻게 맞아야 할지를 가르쳐 주고 계십니다.

하나님 신뢰의 '끝판왕' 그러니까 하나님을 믿고 의지하는 궁극적 본을 찾으시려면 십자가의 예수님을 바라보십시오. 그리고 그가 임종 직전에 하신 말씀에 귀를 기울이십시오. 그리고 그를 따라 기도하십시오. "아버지여, 제 영혼을 아버지의 손에 맡깁니다."

저자 해설
및 묵상

1 44-45절은 하늘과 땅의 징조에 대해 언급한다. 하늘과 땅에서 벌어진 이와 같은 일들은 그리스도의 죽음이 우주적 중요성이 있음을 암시한다. 45절에서 성전의 휘장은 지성소로 들어가는 곳에 있는 휘장을 가리킨다. 그 휘장이 찢어졌다는 것은 (1) 이제 누구나 예수 그리스도의 죽음을 의지하여 하나님 임재의 보좌 앞으로 나아갈 수 있음을 암시하며(히브리서9:1-10:18), (2) 이제 '성전' 되신 그리스도를 통해 하나님께 나아갈 수 있기에(요2:21), 예루살렘 성전이 갖고 있던 하나님의 임재와 제사의 장소라는 기능이 더는 유효하지 않음을 암시한다.
2 "아버지여, 제 영혼을 아버지의 손에 맡깁니다."는 가상칠언, 즉 예수님께서 십자가에 달려 임종 전에 하신 일곱 말씀 중 하나다. 가상칠언은 신약의 네 복음서들에 기록된 십자가상에서의 말씀들을 통합하여 제시한 것이다.
3 마태와 마가는 이 부분에서 예수님의 하나님의 아들 되심을 언급하는 반면, 누가는 이 부분에서 예수님의 의로우심을 언급한다. 그러나 예수님께서 하나님의 아들이시란 선언은 이미 그의 의로움에 대한 선언을 내포하고 있다.
4 여기서 십자가 처형을 목도한 이들은 앞선 사건들(44-47절)을 보면서 예수님이 죄가 없다는 인상을 받았던 것 같고 그런 무죄한 예수님이 십자가에 못 박혀 죽도록 대제사장과 그의 추종자에게 동조하거나 적어도 방치한 데 대해 책임을 느끼며 가슴을 치는 행동을 하는 것으로 보인다. 그러나 이것이 참된 회개(눅3:8 [19:8 참조])를 뜻한다고 볼 필요까지는 없겠다.

묵상과 적용을 위한 질문 1	당신은 이 땅에서의 삶이 마감되는 그 날을 준비하고 계십니까? 어떻게 준비하고 있습니까?

묵상과 적용을 위한 질문 2	이 땅에서 죽음과도 같은 날들을 대할 때, 하나님께 어떻게 기도 드리시나요?

나/만/의/묵/상/메/모

- 오늘 묵상을 통해 주시는 은혜와 감동에 대해 자유롭게 기록해 보세요.

저자와 함께 하는 한 줄 기도　　　　　　　　　　　　　　기도와 결단

> 오늘 그리고 내 생명이 마치는 그 순간까지 예수님처럼 하나님만 전적으로 신뢰케 하소서.

- 오늘 묵상한 말씀의 적용과 삶의 결단을 담아 자신의 기도를 적어보세요.

Day 33 / No! 라고 말할 줄 아는 제자

오늘의 본문
눅23:50-56

50 요셉이라는 유대 공회[1] 회원이 있었는데 그는 선하고 의로운 사람이었습니다.
51 (그는 공회 회원들의 결정과 행동에 찬성하지 않았습니다.) 그는 유대의 아리마대 마을 출신으로 하나님 나라가 오기를 기다리는 사람이었습니다.
52 그는 빌라도에게 가서 예수의 시신을 달라고 했습니다.
53 그는 십자가에서 시신을 내려 고운 삼베로 잘 싼 다음 바위로 만든 무덤에 모셨습니다. 이 무덤에는 아직 아무도 묻힌 적이 없었습니다.
54 그날은 안식을 준비하는 날이었고, 이제 곧 있으면 안식일이었습니다.
55 갈릴리에서부터 예수와 함께 왔던 여인들이 요셉을 따라가 무덤과 그 안에 예수의 시신이 어떻게 안장됐는지를 보았습니다.
56 그리고 그들은 집으로 돌아가 향품과 향유를 준비했습니다. 그러고 나서 계명을 따라 안식일에 쉬었습니다.

저자 해설 및 묵상

　　유대인의 공회(산헤드린)는 대제사장을 리더로 하여 72인으로 구성되어 있었으며, 1세기 당시 자체적으로 왕이 없는 유대인 사회에서 예루살렘 성전을 중심으로 정치-종교적으로 강한 영향력을 행사하며 중추적 역할을 했습니다. 오늘 본문에 따르면, 그 영향력 있는 72인 중 한 사람이 바로 아리마대 사람 요셉이었습니다. 그는 착하고 의로운 사람이었고 하나님 나라의 도래를 기다리는 사람이었습니다. 마태는 그가 예수님의 제자였다고 명시합니다(마27:57 [요19:38 참조]). 예수의 제자인 요셉은 절대 대다수가 어떻게 하자고 한다고 해서 그대로 따라가 악행을 일삼는 사람이 아니었습니다. 그는 하나님 나라를 기다리는 사람(눅2:25 참조)이었고, 다수 그리고 자신의 지도자(그의 경우는 대제사장)가 'Yes'라고 해도 거기에 'No'라고 말할 수 있는 용기 있는 사람이었습니다. 다수가 의로운 길을 택할 때는 함께 의로운 일에 동참하기가 쉽습니다. 그러나 다수가 악한 일을 도모할 때 그에 반대하려면 용기가 필요합니다. 요셉이 다수에 반대하여 'No'라고 목소리를 당당히 낼 수 있었던 것은, 그가 바로 하나님 나라를 기다리는 사람이었기 때문이었습니다(23:51).

요셉은 하나님 나라의 도래를 기다리는 사람이었습니다. 하나님이 그의 백성과 온 우주의 왕이심을 알았고, 하나님의 통치가 그가 궁극적으로 받아들여야 할 유일한 주권체계임을 알았기에, 요셉은 절대다수의 의견과 상관없이 'No' 해야 할 때는 'No'라고 용기 있게 말할 수 있었습니다.[2]

빌라도에게 예수님의 시신을 요구하는 장면에서 요셉의 용기 있는 모습이 특별히 명확하게 드러납니다. 그런 요구를 하게 되면 십자가에 처형된 범죄자와 한패라는 이야기를 들을 수도 있겠지만, 요셉은 그런 일에 신경 쓰지 않고 마땅히 행해야 할 바를 용기 있게 행합니다. 그리고 그렇게 주님의 장사(burial)를 담당하는 존귀한 역할을 감당하게 됩니다.

우리도 'No'라고 말할 줄 아는 하나님의 사람이 되어야 합니다. 다수가 악의 길로 나아가고 잘못된 결정을 할 때, 그것이 다수의 목소리라고 해서 거기에 무조건 동조하는 것이 아

저자 해설 및 묵상

저자 해설 및 묵상

니라 하나님 나라의 관점에서 이를 바라보고, 분별하고 판단하여 'No'라고 해야 할 때는 – 비록 그것이 자신에게 불편함과 희생과 어려움을 가져다주더라도 - 당당하게 'No'라고 외칠 수 있어야 하겠습니다. 아리마대 요셉처럼 다가오는 하나님 나라의 완성을 바라보고 기다리면서, 예수님의 제자다운 용기 있는 삶을 살아야 하겠습니다.

그런데 영웅처럼만 느껴지는 아리마대 사람 요셉에 대해 아직 한 가지 더 나눌 것이 남아 있습니다. 독자분들 중에서 요셉의 모습이 자신과는 거리가 너무 멀다고 생각하면서 절망하는 분들도 계실 것입니다. 그런데 사도 요한은 요셉에 대해 매우 흥미로운 세부 정보를 제공해 줍니다(요19:38-42). 특히 요한복음 19:38의 내용이 매우 흥미롭습니다.

요19:38 이 일이 있은 후 아리마대 사람 요셉이 빌라도에게 예수의 시신을 내어 달라고 간청했습니다. 요셉은 예수의 제자이면서도 유대 사람의 지도자들이 두려워 그 사실을 숨기고 있었습니다. 빌라도가 허락하자 요셉은 가서 예수의 시신을 내렸습니다.

그러니까 아리마대 사람 요셉은 예수님의 제자지만 당시 막강한 권력을 갖고 있는 대제사장과 그의 추종세력 및 바리새인들을 두려워한 나머지 자신이 예수의 제자라는 사실을 드러내지 못 하고 있었다는 것입니다. 그런데 우리가 눈여겨 봐야하는 것은 요셉이 빌라도에게 예수님의 시신을 요구하는 장면에서는 더는 주변인들의 눈치를 보며 두려워하는 모습이 없다는 사실입니다. 힘있는 자와 내 주변에 있는 이들의 시선에 더 이상 매달리지 않고 예수님의 제자다운 용기를 내는 모습을 요셉에게서 발견합니다.

　사도 요한이 제시하는 요셉에 대한 추가적 디테일(요 19:38)은 우리에게 적잖은 용기를 줍니다. 요셉은 처음부터 뭔가 남다르고 영웅적 용기를 가진 제자는 아니었습니다. 그러나 우리들처럼 용기가 부족하고 두려움이 많던 그는 결단했습니다. 그리고 용기 있게 빌라도에게 예수님의 시신을 요구하고 예수님의 장사(burial)를 친히 주관합니다! 바울은 고린도전서15:3-4에서 '복음'을 정의하면서 예수 그리스도의 죽음, 장사됨, 부활에 대해 언급합니다. 그런데 그리스도의 장사를 책임지고 주관한 것은 다름 아닌 요셉입니다. 전에는 우리처럼 비겁했지만 결단하고 용기를 낸 아리마대 사람 요셉 말입니다.

　우리가 그간 예수님를 따른다 하면서도 크고 작은 일에서 주변의 눈치와 힘있는 사람의 시선에 매여 있다면, 오늘 복음서기자들이 묘사하는 요셉의 용기 있는 모습을 보며 그처럼 과감하게 앞으로 한 걸음 내 딛으시기 바랍니다. No!라고 말할 줄 알았던 요셉, 용기를 내어 예수님의 장사를 주관함으로 자신이 예수의 제자라는 것을 공개적으로 드러냈던 요셉처럼 우리 역시 용기 있는 주님의 제자가 되길 기도합니다.

> 저자 해설 및 묵상

1　'산헤드린(San-hedrin)'을 가리킨다.
2　No!라고 말할 수 있는 용기 있는 모습은 오순절 성령강림 이후 사도들에게서 더욱 구체적이고, 적극적이며 강력한 형태로 나타난다. 예를 들어, 행4:19-20과 5:29를 보라.

| 묵상과 적용을 위한 질문 1 | No! 라고 했어야 했고 의로운 소수가 되어야 했지만, 대다수의 눈치를 보다가 그렇게 못 했던 경험을 솔직히 적어 보세요. |

| 묵상과 적용을 위한 질문 2 | No! 라고 말해야 할 때에 실제로 No! 라고 말할 수 있기 위해서, 그리고 다수의 악한 결정에 반하여 의로운 길을 가기 위해서 우리에게 무엇이 가장 절실히 필요할까요? 원래는 다른 유대지도자들의 눈치를 보며 그들을 두려워했다가 예수님의 제자로서 용기 있는 행동을 실천한 아리마대 사람 요셉을 보면서 어떤 생각이 들었나요? 당신은 어떤 면에서 그와 비슷하고 또 다른가요? |

나/만/의/묵/상/메/모

- 오늘 묵상을 통해 주시는 은혜와 감동에 대해 자유롭게 기록해 보세요.

저자와 함께 하는 한 줄 기도

기도와 결단

> 오늘 아리마대 요셉처럼 예수님의 제자로 용기 있게 한 걸음 앞으로 내딛게 도와 주소서.

- 오늘 묵상한 말씀의 적용과 삶의 결단을 담아 자신의 기도를 적어보세요.

Day 34 / "왜 죽은 사람들 사이에서 찾고 있느냐?"

오늘의 본문
눅24:1-12

1 그 주의 첫날 이른 새벽에 여인들은 준비한 향품을 가지고 무덤으로 갔습니다.
2 그런데 무덤 입구를 막은 돌덩이가 굴려져 있는 것을 발견했습니다.[1]
3 그래서 그들이 안으로 들어가 보니 주 예수의 시신이 없었습니다.
4 그들이 이 일에 대해 어찌해야 할지 몰라 당황하고 있는데 빛나는 옷을 입은 두 사람[2]이 갑자기 그들 곁에 섰습니다.[3]
5 여인들은 너무 무서워 얼굴을 땅에 대고 엎드렸습니다. 그러자 그 사람들이 말했습니다. "살아 계신 분을 왜 죽은 사람들 사이에서 찾고 있느냐?
6 그분은 여기 계시지 않고 살아나셨다! 예수께서 갈릴리에서 너희와 함께 계실 때 하신 말씀[4]을 기억해 보라.
7 '인자가 마땅히 죄인의 손에 넘겨져 십자가에 못 박히고 3일째 되는 날에 다시 살아나야 한다'라고 하시지 않았느냐?"
8 여인들은 예수의 말씀을 기억했습니다.
9 여인들은 무덤에서 돌아와 열한 제자들과 다른 모든 사람들에게 이 사실을 모두 알렸습니다.
10 (그들은 막달라 마리아, 요안나, 야고보의 어머니 마리아였습니다. 그들과 함께 있었던 다른 몇몇 여인들도 이 일을 사도들에게 말했습니다.)
11 그러나 사도들은 여인들의 말이 어처구니없게 들렸으므로 그 말을 믿지 않았습니다.
12 하지만 베드로는 일어나 무덤으로 달려갔습니다. 몸을 굽혀 안을 들여다보니 고운 삼베 천만 놓여 있었습니다. 그는 이상하게 생각하며 돌아갔습니다.

> 저자 해설 및 묵상

인간은 죽음이라는 실체 앞에 약해집니다. 인간은 스스로 죽음을 넘어서지 못합니다. 가장 존경받는 철학자, 스승, 종교의 창시자도 죽음을 넘어서지 못합니다. 그들은 여전히 죽은 자들 가운데 있습니다. 그러나 예수님은 죽음의 권세를 이기셨습니다. 그러므로 예수님을 죽은 자들 가운데 찾는 것은 허무한 일이 됩니다. 물론 예수님의 죽음이 너무나 중요합니다. 예수님이 십자가에서 우리 죄를 대신 지시고 죽으신 일을 믿고 신뢰하는 게 너무나 중요합니다. 하지만 예수님의 죽음은 죽었다가 다시 살아나신 이의 죽음입니다. 예수님께서 다시 사시지 않으셨다면, 사도들은 (그리고 우리들은) 주님의 죽음에 대해 기억하고 묵상하지 않았을 것입니다. 예수님이 다시 사셨기에 사도들은 (그리고 우리들은) 주님 죽음의 의미에 대해 집중하게 된 것입니다. 예수님의 죽음은 숭고한 스승들의 죽음과는 다릅니다. 예수님의 죽음은 대속적 죽음일 뿐 아니라, 또 죽었다가 다시 사심으로 죽음의 권세를 멸하신 분의 아주 특별한 죽음입니다.

만일 우리가 예수님의 가르침과 삶의 모본에 감격하면서 - 그것은 그 자체로 좋은 일입니다만 - 다시 사셔서 우리와 함께 하시고 우리를 이끌어 주시고 격려해 주시며 다시 일으켜 주시고 우리에게 힘주시는 예수님을 경험하지 못하고 있다면, 천사들이 예수님의 무덤을 찾은 여인들에게 했던 말에 주목해야 합니다.

"살아 계신 분을 왜 죽은 사람들 사이에서 찾고 있느냐? 그분은 여기 계시지 않고 살아나셨다!"(5-6절)[5]

가족과 친구의 임종을 앞두고, 혹은 우리 자신의 임종을

저자 해설 및 묵상

앞두고 죽음이라는 실체가 우리를 억누르고 짓누르는 것을 경험하고 있다면, 혹은 죽음과도 같은 상황을 지금 직면하고 있다면, 우리 역시 천사들의 말에 주목해야 합니다.

"살아 계신 분을 왜 죽은 사람들 사이에서 찾고 있느냐? 그분은 여기 계시지 않고 살아나셨다!"(5-6절)

예수 그리스도께서 잠자는 자들 가운데 첫 열매가 되심으로 우리 역시 부활할 것입니다(고전15:20). 그렇기에 우리는 이렇게 외칠 수 있습니다.

"사망아, 너의 쏘는 것이 어디 있느냐?(고전15:55)"

오늘 하루 그리고 이 한 주간, 그리고 부활보다는 죽음에 친숙하고 생명보다는 사망에 친숙한 이 땅에서 사는 동안, 부활하신 예수님과 친밀히 동행하시고 그분만을 따르는 여러분과 제가 되기를 기도합니다. 역사상 가장 중요한 사건인 예수 그리스도의 부활과 장차 있을 성도들의 부활 그 중간 지점을 살아가는 우리는, 현재 우리의 삶 가운데 부활하신 예수 그리스도와 동행해야 합니다.

예수님이 부활하셨다는 뜻은 죽었다가 잠시 소생했다는 뜻이 결코 아닙니다. 죽음의 권세를 정복하셨다는 뜻입니다(고전15:12-28). 지금도 살아 계신다는 뜻입니다. 지금 우리 곁에 함께 하신다는 뜻입니다(마28:20). 문제는 우리가 과연 예수님과 동행하는가 하는 여부입니다. 우리가 오늘 살아계신 예수님과 친밀히 동행하고자 하는가 하는 여부입니다(요 21:19, 22 참조).

저는 저 자신과 여러분이 오늘 주님과 친밀하게 동행하기를 기도합니다. 적어도 주님과 동행하고픈 실제적 열망으로 가득 차기를 원합니다. 우리가 부활하신 예수님과 동행하지 않는다면, 결국 우리는 예수님의 부활을 실제적으로는 부인하고 있는 것입니다. 예수님이 부활하셔서 살아 계시는데, 왜 예수님이 부활하시지 않으신 것처럼 주님을 무시하고 자기 원하는 대로 살고 있습니까? 예수님의 부활을 믿는 자는 부활하신 예수님과 동행해야 합니다. 기억하십시오. 부활하신 예수님과 동행하는 자가 진정 예수님의 부활을 믿는 자입니다.

저자 해설 및 묵상

1 "무덤 입구를 막은 돌덩이가 굴려져" 있었다는 것(2절)은, 예수 그리스도의 부활이 바로 하나님이 직접 행하신 일임을 시사해 준다. 예수 그리스도를 부활케 하신 분은 바로 하나님 아버지시다. 여인들은 그리고 제자들은 (그리고 우리들은) 하나님이 그 아들에게 행하신 이 일의 증인이다.
2 천사들을 가리킨다(23절을 보라. 아울러 요20:12 및 마28:2-5를 함께 보라 [막16:5 참조]). 구약에서 천사들은 빛나는 모습으로 묘사되곤 했다(단10:5-6 [왕하 6:17 참고]). 신약의 묘사는 행10:30(1:10 참조)을 보라. 여기서 빛나는 모습은 하늘의 영광을 암시한다.
3 23절을 함께 참고하라.
4 눅9:22를 보라. 여기서 천사들의 이야기를 듣고 있는 여인들은 갈릴리에서부터 예수님을 좇았다(23:49 [8:2-3 참조]).
5 예수님은 예루살렘 이전에 이미 그의 고난과 부활을 거듭 예언하셨다(9:21-27; 9:43-45;18:31-34). 아울러 예수님께서 나인성 과부를 살리신 사건(7:11-17) 그리고 야이로의 딸을 살리신 사건(8:54-56)은, 죽은 자를 일으키는 예수님을 사망권세가 가두어 놓을 수 없음(눅24장)을 암시한다. 눅20:27-40에 묘사된 예수님과 사두개인들간의 부활논쟁은 누가복음의 내러티브 내에서 예수님의 부활(눅24)을 기대케 하는 역할을 한다. 누가복음의 속편인 사도행전은 예수의 영, 성령을 모신 사도들이 죽은 자를 일으키는 사건을 보도한다. 이에 대해서는 행9:36-43과 20:7-12을 보라.

| 묵상과 적용을 위한 질문 1 | '부활하신 예수 그리스도와 동행한다는 것'은 무슨 뜻인가요? |

| 묵상과 적용을 위한 질문 2 | 부활하신 예수 그리스도와 동행하고 계십니까? 어떤 뜻에서 그렇습니까? 어떤 뜻에서 그렇지 않습니까? 주변에서 부활의 주님과 동행하는 모범적인 예를 하나 들어 보세요. 그 분의 삶에서 나타나는 중요한 특징이 무엇입니까? 어떻게 하면 그분처럼 될 수 있을까요? |

나/만/의/묵/상/메/모

- 오늘 묵상을 통해 주시는 은혜와 감동에 대해 자유롭게 기록해 보세요.

저자와 함께 하는 한 줄 기도   기도와 결단

> 예수님의 부활에 대한 깊은 확신을 주시고, 매일 부활하신 주님과 친밀히 동행하게 하소서.

- 오늘 묵상한 말씀의 적용과 삶의 결단을 담아 자신의 기도를 적어보세요.

Day 35 / 고난과 부활의 필연성

오늘의 본문
눅24:13-27

13 바로 그날 그들 중 두 사람이 예루살렘에서 약 60스타디온[1] 남짓 떨어져 있는 엠마오라는 마을로 가는 중이었습니다.
14 그들은 일어난 이 모든 일에 대해 서로 이야기하고 있었습니다.
15 그들이 이야기하며 토론하고 있는데 예수께서 가까이 가서 그들과 함께 걸어가셨습니다.
16 그러나 그들은 눈이 가려져서[2] 예수를 알아보지 못했습니다.
17 그분께서 그들에게 물으셨습니다. "당신들이 걸어가면서 서로 주고받는 이 말이 무슨 이야기요?" 그들은 슬픈 기색으로 가던 길을 멈추어 섰습니다.
18 그중 글로바라는 사람이 그분께 물었습니다. "예루살렘에 있으면서 최근 일어난 일을 혼자만 모르신단 말씀입니까?"
19 그분이 물으셨습니다. "무슨 일이오?" 그들이 대답했습니다. "나사렛 예수에 관한 일 말입니다. 그분은 하나님과 모든 백성들 앞에서 행동과 말씀에 능력이 있는 예언자셨습니다.
20 그런데 우리 대제사장들과 지도자들이 그분을 넘겨주어 사형 선고를 받게 했고 십자가에 못 박았습니다.
21 그러나 우리는 이스라엘을 구속해 주실 분이 바로 그분이라고 바라고 있었습니다. 그뿐 아니라 그런 일이 있은 지 벌써 3일째됐는데
22 우리 중 몇몇 여인들이 우리를 놀라게 했습니다. 그들이 아침 일찍 무덤에 갔다가
23 그분의 시신을 찾지 못하고 돌아와서 천사들의 환상을 보았다고 했습니다. 그리고 그 천사들이 예수께서 살아 계신다고 말했다는 것입니다.
24 그래서 우리 동료 몇 사람이 무덤으로 가 보았더니 그 여인들이 말한 대로 그분을 볼 수 없었다는 것입니다."
25 예수께서 그들에게 말씀하셨습니다. "어리석고 예언자들이 말한 모든 것을 마음에 더디게 믿는 사람들이여!
26 그리스도께서 마땅히 이런 고난을 겪으시 자기 영광에 들어가야 할 것이 아니냐?"
27 그리고 예수께서는 모세와 모든 예언자들로부터 시작해 성경 전체에서 자기에 관해 언급된 것을 그들에게 자세히 설명해 주셨습니다.

> 저자 해설 및 묵상

부활하신 예수님이 그들 앞에 직접 나타나셨건만, 엠마오로 향하던 두 제자는 눈이 가려져서 예수님을 알아보지 못합니다(24:31; 왕하6:17; 시119:18 참조). 그들의 "눈이 가려져서 (수동태) 예수를 알아보지 못했다"고 누가는 말하고 있습니다. 여러 주석가들은 여기서 눈을 가리게 한 주체가 바로 하나님/예수님이라고 생각하고 있습니다(눅24:31과 비교[45절 함께 참조]). 그들의 눈이 이처럼 일시적으로 가려진 것은, 제자들과 우리들이 예수님의 죽음과 부활의 의미에 대해 배울 중요한 기회를 제공하시려는 섭리가 있는 것 같습니다.(25-27절).

많은 사람이 자신이 만난 예수님에 대하여 간증합니다. 그러나 그러한 '예수 체험'이 다 성경적인 신앙으로 그들을 이끄는 것은 아닌 듯싶습니다. 자신이 예수님을 만났다고 주장하는 사람들은 많지만, 그들 중에는 예수님의 죽음과 부활에 대해 집중하지 않는 사람들이 있습니다.

예수님은 하나님의 구원 계획을 성취하시기 위해서, 먼저 십자가에서 우리 죄를 대신 지시고 고난받으사 십자가에 달려 돌아가셨습니다. 그리고 삼일째 되는 날, 의인을 신원하시는 하나님 성령의 능력으로 부활하여 영광에 이르셨습니다. 그리스도께서 죽으시고 부활하셨기에 우리에게 죄 사함의 기쁨이 있고, 완성될 하나님 나라에 대한 소망이 존재하며, 하나님이 그의 백성을 신원하실 날에 대한 소망이 있습니다. 한편, 그리스도께서 죽으시고 부활하셨기에 구원을 논함에 있어 우리는 십자가에 못 박히시고 부활하신 그리스도 그분께 집중해야만 합니다.

저자 해설 및 묵상

그런데 바로 이어지는 27절에서 예수님은 제자들에게 자신에 관한 것들[3]을 구약성경에 근거하여 설명해 주고 계십니다. 방금 언급한 26절과 이어지는 27절을 통합해 보면, 예수님이 자신의 십자가 죽음과 부활이 필연적이라고 이해하신 이유는 바로 구약성경이 그렇게 말씀하고 있기 때문입니다. 실제로 구약성경은 죄 사함의 필요성, 그리고 하나님이 그의 백성에게 베푸실 구원에 대해 지속적으로 선포하고 있습니다.

앞서 살펴본 대로, 그리스도께 있어 '선 고난, 후 영광'은 필연적인 과정입니다. 그리고 선고난, 후영광의 필연성은 예수님을 따르는 성도들에게도 적용됩니다. 제자 된 우리들의 경우도, 먼저 고난(불편) 감수요, 그 다음이 영광입니다(9:23-26; 14:25-33 참조). 그리스도께 그러했듯, 제자들에게도 고난은 영광에 이르는 첩경이요 영광에 이르는 유일한 길입니다(행 14:22 참조). 다른 길은 없습니다. 고난과 영광은 둘 다 필연적이며 또한 서로 필연적으로 연결되어 있습니다. 우리도 예수님처럼 부활의 영광에 장차 이르게 될 것입니다. 그러나 그에 앞서 지금은 그리스도와 복음을 위한 고난을 받아야 합니다. '선고 난, 후 영광'입니다. 그리스도께 그러했듯 말입니다.

우리가 신앙의 자유를 보장받는 곳에서 살고 있어 고난과 핍박이 우리에게 거리가 멀게 느껴진다면, 적어도 예수님과 그의 나라를 위해 재정, 시간, 관계에서 불편을 기꺼이 그리고 적극적으로 감수해야 합니다. 그리스도와 복음을 위해 내가 쓰고 싶은 것들을 아껴 물질로 섬겨야 하고 시간을 희생하여 섬겨야 하며, 내가 원하는 사람들뿐 아니라 주께서 원하는 이들과 관계를 맺어야 합니다. 나에게 혜택과 도움을 줄

**저자 해설
및 묵상**

이들 보다 내가 섬겨야 할 이들을 위해 시간을 내어야 합니다. 그런 불편을 감수하지 않으면서 주를 위해 십자가 진다는 것은 거짓말입니다. 기억하십시오. 십자가가 먼저고, 그 다음 부활입니다. 고난이 먼저고 그 다음 영광입니다. 불편과 고난 감수가 우선이고, 영원한 평강과 축복이 나중입니다. 엠마오로 향하던 두 제자를 향한 주님의 사랑 어린 책망에 오늘 귀 기울이시기 바랍니다. "그리스도께서 마땅히 이런 고난을 겪고서 자기 영광에 들어가야 할 것이 아니냐?"(눅24:26).

---

1 약 11킬로미터에 해당한다.
2 여기서 "가려져서"는 신적 수동태(divine passive)다. 즉, 두 제자의 눈을 일시적으로 가린 주체는 바로 하나님이시지만, 그 주체가 누구인지는 문장상에서 직접 명시되지 않는다.
3 구약 안에서 그리스도에 대한 예언들이 발견된다(예를 들어, 잘 알려진 예로, 사53장). 모든 구약 구절들이 그리스도에 대한 직접적 예언은 아니다. 하지만, 구약성경에서 하나님이 약속하신 바가 예수 그리스도와 그의 사역 가운데 궁극적으로 성취된다는 점에서, 그리스도에 대한 직접적 예언들뿐 아니라 구약성경 전체가 예수 그리스도에 대한 증언이라고 봐야 한다. 신약 저자들은 구약이 예수 그리스도와 그에 사역에 대한 증언이라고 주저 없이 선포했다. 예를 들어, 다음의 구절들을 보라. 요5:39, 46; 고전15:3-4. 여기서 요한과 바울이 특정 구약 구절을 인용하지 않고 구약성경 전체에 호소하는 데 주목하라.

묵상과 적용을 위한 질문 1 왜 그리스도께서 먼저 고난을 받으시고, 그 후에 부활의 영광에 이르셔야 했나요?

묵상과 적용을 위한 질문 2 그리스도께서 먼저 고난을 받으시고 부활의 영광에 이르셔야 했다는 사실은 우리에게 어떤 가르침과 격려 그리고 도전을 던져 주나요?

묵상과 적용을 위한 질문 3 예수 그리스도와 그의 복음을 위해 그간 믿음생활 가운데 어떤 불편함을 감수하셨나요? 그리고 지금 어떤 불편함을 감수하고 있나요?

나/만/의/묵/상/메/모

- 오늘 묵상을 통해 주시는 은혜와 감동에 대해 자유롭게 기록해 보세요.

저자와 함께 하는 한 줄 기도

기도와 결단

> 부활의 영광을 확신하며, 오늘의 삶 가운데 고난의 필연성을 인정하고 이를 끌어안게 하소서.

- 오늘 묵상한 말씀의 적용과 삶의 결단을 담아 자신의 기도를 적어보세요.

Day 36 / 말씀과 체험의 하나됨

오늘의 본문
눅24:28-35

28 그들이 가려던 엠마오 마을에 다다르자 예수께서는 더 가시려고 했습니다.
29 그러자 그들이 예수를 한사코 말렸습니다. "저녁이 다 됐으니 여기서 우리와 함께 계시지요. 날이 다 저물었습니다." 그래서 예수께서 그들과 함께 묵으려고 집에 들어가셨습니다.
30 예수께서 그들과 함께 상에 기대어 앉아 빵을 들고 감사 기도를 드린 후 떼어 그들에게 나눠 주셨습니다.
31 그제야 그들의 눈이 열려 예수를 알아보았습니다.[1] 그러나 곧 예수께서 그들의 눈앞에서 사라지셨습니다.[2]
32 그들이 서로 물었습니다. "길에서 그분이 우리에게 말씀하시고 성경을 풀어 주실 때 우리 마음이 뜨거워지지 않았느냐?"
33 그들이 즉시 일어나 예루살렘으로 돌아갔습니다. 가서 보니 거기에는 열한 제자가 다른 사람들과 함께 모여 있었습니다.
34 이들이 말했습니다. "주께서 참으로 살아나셨고 시몬에게 나타나셨다!"[3]
35 그러자 그 두 사람도 길에서 있었던 일과 예수께서 빵을 떼어 주실 때 그들이 그분을 알아본 일을 이야기해 주었습니다.

저자 해설 및 묵상

　신앙이 열정적인 그리스도인들을 두 부류로 분류하면, 크게 '말씀파'가 있고 '체험파'(혹은 '성령파')가 있습니다. 전자는 성경공부와 말씀묵상에 더 집중하는 파이고, 후자는 기도와 초자연적 영적 체험에 더 주목하는 파입니다.

　우리의 신앙이 그저 성경을 머리로 이해하는 데 그친다면 곤란합니다. 우리의 삶 가운데 하나님의 영이요 또 그리스도의 영이신 성령을 통해, 부활하신 주님을 대면하는 것이 참으로 중요합니다. 동시에 우리의 신앙적 체험은 반드시 성경 말씀에 근거해서 이해되어야 합니다. 성경 말씀에서 멀어지고 주관적 체험만을 강조한다면, 이는 부활하신 예수님이 엠마오로 행하던 두 제자들에게 보여주신 방식과는 거리가 멉니다. 부활하신 예수님은 그들에게 성경을 풀어주셨습니다. 그리고 그 가운데 그들은 마음이 뜨거워지는 독특한 체험을 하게 되었습니다.

　사실 지난 2천년간 적잖은 사람들이 기록된 하나님 말씀의 중요성을 간과하고 주관적 체험만을 추구한 결과로 이단들이 양산되었습니다(고전4:6 참조). 오늘 본문 말씀을 통해 부활하신 예수님을 만남으로써 기록된 말씀에 근거한 체험을 추구하며, 그렇게 말씀과 체험의 진정한 하나 됨을 이루는 견고하고 온전한 신앙이 되기 바랍니다. 우리의 체험이 말씀 가운데로 우리를 이끌고, 우리가 묵상하는 말씀이 그리스도와의 더욱 친밀한 만남으로 이끌어 가기를 기도합니다. 바라기는 하나님의 말씀을 읽고 묵상하고 연구하는 가운데, 부활하신 그리스도를 대면하는 일들이 있으시기를 바랍니다. 부활하신 그리스도에 대한 참된 신앙은 죽은 정통이나 말씀을 떠

> **저자 해설 및 묵상**

나버린 체험추구와는 거리가 멀어도 너무나 멉니다.

 엠마오로 향하던 글로바와 다른 한 제자에게 다시 사신 예수님이 자신의 부활에 대해 알려주신 방식은 바로 구약성경을 풀어 주시는 것이었습니다. 예수님은 이 두 제자들이 성경말씀에 근거하여 자신의 부활을 이해하기를 원하셨습니다(25-27절). 이윽고 눈이 열려 자신에게 성경을 풀어 주신 분이 바로 부활하신 예수 그리스도심을 깨닫게 된 글로바와 다른 제자는 아래와 같이 고백합니다.

 "길에서 그분이 우리에게 말씀하시고 성경을 풀어 주실 때 우리 마음이 뜨거워지지 않았느냐?"(32절)

 여기서 부활하신 예수를 만난 글로바와 다른 한 제자의 체험은, 바로 성경을 풀어 주신 부활하신 예수님과 만남이었고 성경 자체와의 만남이었습니다. 우리는 그렇게 다시 한번 진정한 체험과 말씀의 하나 됨을 보게 됩니다.

 여러분의 신앙 체험이 아무리 소중하더라도 그것마저 하나님의 말씀 아래 과감히 내려놓으십시오. 하나님 말씀에 비추어 여러분의 신앙체험을 걸러내고, 분별하고, 판단하십시오. 기록된 말씀을 넘어가지 마십시오(고전4:6). 말씀과 하나 되는 체험만을 진정한 체험으로 여기십시오. 말씀과 체험이 하나 될 때까지는 그 체험의 진정성과 적절성을 보류하십시오. 그것이 바로 예수님이 취하셨던 방식이고 또 사도 바울이 취했던 방식입니다. 예수님은 가장 인상적이고 중요한 사건인 자신의 부활 후에, 자신의 부활의 몸을 제자들에게 직접 보여주시는 것으로 만족하지 않으셨습니다. 도리어 구약성경(당시에는 신약성경이 아직 기록되지 않았으므로 성경은 곧 구약성경을 의미했다)에 근거하여, 자신의 다시 사심을 설명하시고 입증하셨습니다. 엠마오로 향하던 글로바와 다른 한 제자에게 그렇게 하셨고(25-27절), 또 열 한 제자에게 다시 그렇게 해 주셨습니다(44-47절).

심지어 다시 사신 예수님께서 자신의 부활마저 성경에 비추어 논하시고 설명하고 입증하셨다면, 우리의 신앙 체험들은 얼마나 더 하나님 말씀의 빛 아래서 이해되어야 하겠습니까? 자신의 신앙 체험에 도취하여 다른 사람 이야기를 듣지 않으려 하는 사람(골2:18참조)은, 오늘 누가복음 24장 본문에서 부활하신 주님이 어떻게 하셨는지에 대해 조금도 주목하지 않는 사람입니다.

하나님의 기록된 말씀의 권위 밑에 가장 고귀한 신앙 체험마저도 내려놓은 사람이야 말로 진정한 뜻에서 부활하신 예수님의 제자입니다. 우리가 하나님의 말씀 아래 우리 삶을 송두리째 내려놓고 성경 가운데 우리에게 말씀하시는 주님의 음성에 귀를 기울일 때, 우리 역시 엠마오로 향하던 그 제자들처럼 마음이 뜨거워짐을 경험케 될 것입니다.

---

1 35절을 참고하라.
2 부활하신 그리스도 영광의 몸은 공간의 제약을 받지 않고 그리스도 자신의 선한 의지에 따라 자유롭게 이동하실 수 있음을 여기서 보게 된다(요20:19, 26 참조)
3 고전15:5을 함께 참고하라.

| 묵상과 적용을 위한 질문 1 | 당신은 '말씀파'와 '체험파' 중 어느 쪽에 가깝습니까? 어떤 면에서 그렇습니까? |

_____

_____

| 묵상과 적용을 위한 질문 2 | 말씀과 (말씀에 근거한) 체험이 하나 됨을 이루는 모범적 사례를 주변에서 찾아보세요. 그 개인과 공동체 가운데 어떤 열매들이 맺히고 있나요? |

_____

_____

| 묵상과 적용을 위한 질문 3 | 당신의 생각에는 말씀과 체험이 하나 됨을 이루는 것이 왜 중요합니까? 그리고 말씀과 체험의 균형과 통합을 위해서 어떤 구체적인 노력을 기울이고 계십니까? |

_____

_____

나/만/의/묵/상/메/모

- 오늘 묵상을 통해 주시는 은혜와 감동에 대해 자유롭게 기록해 보세요.

저자와 함께 하는 한 줄 기도

기도와 결단

> 예수님이 보여주신 본대로, 진정한 말씀의 사람, 진정한 체험의 사람이 되게 하소서.

- 오늘 묵상한 말씀의 적용과 삶의 결단을 담아 자신의 기도를 적어보세요.

Day 37 / 몸의 부활

오늘의 본문
눅24:36-43

36 그들이 아직 이런 이야기를 하고 있을 때 예수께서 바로 그들 사이에 나타나셔서 말씀하셨습니다. "너희에게 평화가 있으라."
37 그들은 유령을 본 줄 알고 놀라며 무서워했습니다.
38 예수께서 그들에게 말씀하셨습니다. "어째서 두려워하며 마음에 의심이 일어나느냐?
39 내 손과 내 발을 보라. 바로 나다! 나를 만져 보고 쳐다보라. 유령은 살과 뼈가 없다. 그러나 너희가 보다시피 나는 있지 않느냐?"
40 예수께서는 이렇게 말씀하시고 그 손과 발을 보여 주셨습니다.
41 그들은 너무 기쁘고 놀라워 오히려 믿지 않았습니다. 그때 예수께서 그들에게 물으셨습니다. "여기에 먹을 것이 좀 있느냐?"
42 그들은 구운 생선 한 토막을 갖다 드렸습니다.
43 그러자 예수께서는 그들 앞에서 생선을 가져다가 잡수셨습니다.[1]

저자 해설 및 묵상

오늘 본문이 말하는 예수님의 '부활'은 죽어 장사 지낸 바 되었다가 죽음 권세를 정복하고 영광스럽게 변화된 몸을 가진 존재로 살아났음을 뜻합니다. 주님께서는 제자들을 향해 "너희에게 평화가 있으라"(24:36)고 말씀하십니다. 주님이 말씀하는 이 평화는 오직 사망 권세를 이기신 분만이 줄 수 있는 평화이며, 세상에선 찾아볼 수 없는, 차원 다른 평화입니다(요14:27 참조).

부활하신 예수님을 대면한 제자들은 처음에는 그를 유령으로 생각했습니다. 갈릴리에서부터 자신의 부활에 대해 제

> 저자 해설 및 묵상

자들에게 거듭 말씀하셨건만, 제자들은 주님의 부활을 그대로 믿지 못하고 의심을 갖습니다. 예수님은 그들을 향해 십자가에 못 박혔던 자신의 몸, 즉 찢겨진 손과 상처 난 발을 직접 보여주시며, 자신을 두 눈으로 보고 또 두 손으로 만져보라고 말씀하십니다. "바로 나다 (문자적으로, '내가 바로 그다[24:39]²)!"라고 말씀하십니다. 제자들 앞에서 계신 분이 바로 그들과 합숙하시고, 그들을 친히 가르치시며, 그들 앞에서 치유와 축사를 행하시고, 그들을 품어 주시고, 또 때로 책망하셨으며, 지난 금요일에 십자가에 못 박혀 죽으셨던 예수 자신임을 직접 확인해 주십니다. 상처 가득한 손발을 보이심으로써, 역사적 예수와 부활의 그리스도가 한 분임을 확증해 주십니다(요20:27참조). 그러나 제자들은 이 사실을 받아들이지 못 합니다. 사실이기엔 너무나 좋은 이 상황을 제자들이 그대로 받아들이지 못하고 있는 그 찰나에, 예수님은 그들 앞에서 구운 생선을 잡수십니다. 그렇게 하심으로써 제자들 앞에 나타난 자신이 그저 영이 아니며 부활의 몸을 지닌 존재임을 확증하십니다.

  1세기 당시 유대인들의 사고를 이해하는 것이 여기서 적잖이 도움이 됩니다. 당시 유대인들은 천사들이 이 땅의 음식, 즉 인간들이 먹는 일반적 음식을 먹지 않는다고 생각했으며, 여기 열 한 제자들도 역시 그렇게 생각했을 것입니다. 예수님은 제자들의 생각을 헤아리시고 그들 앞에서 이 땅의 음식, 특히 갈릴리 어부 출신 제자들에게 가장 친숙한 메뉴인 구운 생선을 직접 드셨습니다. 제자들과 수도 없이 드셨을 바로 그 음식을 제자들 앞에서 취하심으로써, 그들 앞에 서 계신 영광의

저자 해설 및 묵상

존재가 바로 십자가에 못 박혀 죽으신 나사렛 예수심을 확증하셨습니다. 그들 앞에 서신 부활의 존재가 그들과 함께 식사하고 생활했던 갈릴리의 랍비 예수임을 확인해 주셨습니다.

영광의 몸을 입으신 예수 그리스도께서는 이 땅을 포기하시거나 그저 '초월'하시지 않으셨습니다. 이 땅 가운데로 침투하셨고, 이 땅 가운데 있는 제자들 앞에서 '하늘'이 '이 땅'에 이미 침투했음을 부활하신 자신의 몸을 통해 확증하셨습니다(마6:10 참조). 안타깝게도 우리 주변에는 아직도 소위 '영적인 것'만을 숭상하고 이 땅에서 하나님 주신 몸을 갖고 해야 하는 일상의 일들을 소홀히 하는, 극단적인 이원론이 널리 팽배해 있습니다. 극단적인 이원론에 빠져 있는 이들은 왜 하나님께서 태초에 인간을 몸을 지닌 존재로 만드셨는지, 예수님이 왜 성육하셔서 몸을 지닌 인간이 되셨는지, 예수님이 부활하실 때 왜 여전히 몸을 가진 존재셔야 했는지, 그리고 왜 우리 구원의 완성이 단지 몸은 죽고 영혼이 주님 품에 안기는 것이 아니라 몸이 부활하여 영혼과 하나 되는 것인지에 대해 매우 신중하게 생각해 봐야 합니다.

부활하신 주님은 '내가 영광의 몸을 입었는데 이 땅의 음식이나 먹게 생겼니?'라고 하지 않으셨습니다. 도리어 지극히 일상적인 음식인 구운 생선을 친히 제자들 앞에서 드심으로써 자신의 부활을 확증해 주셨습니다. 예수님의 부활은 단지 영적이고 상징적인 의미에 국한되지 않습니다. 예수님의 부활은 몸의 회복, 그러니까 몸의 종말론적 회복을 뜻합니다. (주 예수 그리스도는 지금도 그 영광스러운 부활의 몸을 입고 계십니다!)

> 저자 해설 및 묵상

부활하신 그리스도께서 우주의 심판자로 이 땅에 다시 오시는 그 때, 주님은 그의 충성된 백성들을 영생의 부활로 일으키실 것입니다. 그리스도를 죽은 자들 가운데 일으킨 부활의 영인 성령을 모시고 사는 주의 백성들은, 그들의 몸이 장차 유기되거나 폐기될 존재가 아니라 변화하여 영원에 이를 존재임을 깨달아야 합니다. 나아가 그들의 몸으로 감당하는 일상의 삶을 통해 삼위일체 하나님의 영광을 추구하고, 이웃을 위한 사랑과 섬김을 적극 실천해야 합니다.

---

1 본 구절은 복음의 변증을 위한 중요한 함의도 담고 있다. 부활하신 그리스도께서는 직접 제자들에게 나타나서 십자가에 못 박혔던 손과 발을 보이시고, 이 땅의 음식, 특히 갈릴리 어부들에게 가장 일상적인 음식인 구운 생선을 친히 취하신다. 그러고 나서 구약성경에 근거해서 자신의 부활에 대해 확증해 주신다. 이처럼 부활하신 예수님이 여러 방식으로 자신의 부활에 대해 증거해 주시고 확인해 주신 것은 복음 전도와 변증을 위한 매우 귀한 본을 남긴다(행 1:3 참조).
  예수님의 최초 제자들 역시 우리만큼 의심이 많은 사람들이었다. 한 사람이 예수 그리스도의 복음을 받아들일 때까지 7번 정도 여러 경로로 복음을 접한다는 통계를 들은 적이 있다. 불신자들이 복음을 받아들일 때까지 계속 복음을 전파하고 그때까지 부활하신 예수님이 인류의 메시야심을 변증하고 선포해야 한다. 쉽게 포기하지 말고, (부활하신 주님이 제자들을 대하신 것처럼) 인내하면서 그들을 설득하고 복음을 전해야 한다. 입으로 복음을 전파하고 삶으로 복음을 시연해야 한다. 비록 완벽하진 않지만, 이 세상에서 가장 진정성 있고 밀도 높은 희생과 사랑의 공동체를 세상에 보여주어야 한다.
2 "바로 나다" (눅24:39)는 헬라어로는 ἐγώ(내가) εἰμι(...이다) αὐτός(그)이다.

묵상과 적용을 위한 질문 1 극단적인 이원론은 어떤 점에서 위험합니까? 극단적 이원론이 그리스도인들의 삶에 가져오는 폐해의 구체적인 예를 들어보세요.

묵상과 적용을 위한 질문 2 우리의 몸이 유기, 폐기, 대체될 존재가 아니라 변화하여 영원에 이를 존재임을 깨닫고 몸의 부활을 믿으며 살아가는 것이 왜 그리고 어떤 측면에서 중요합니까?

나/만/의/묵/상/메/모

- 오늘 묵상을 통해 주시는 은혜와 감동에 대해 자유롭게 기록해 보세요.

저자와 함께 하는 한 줄 기도　　　　　　　　　　　기도와 결단

> 우리 몸으로 감당하는 일상 가운데 하나님 사랑과 이웃 사랑을 적극적으로 실천케 하소서.

- 오늘 묵상한 말씀의 적용과 삶의 결단을 담아 자신의 기도를 적어보세요.

_____
_____
_____
_____
_____
_____
_____
_____
_____
_____

Day 38 / 성경의 중심

**오늘의 본문
눅24:44-49**

44 예수께서 그들에게 말씀하셨습니다. "내가 전에 너희와 함께 있을 때 모세의 율법과 예언서와 시편[1]에서 나에 대해 기록된 모든 일이 마땅히 이루어져야 한다고 너희에게 말한 것[2]이 바로 이것이다."

45 그리고 예수께서 그들의 마음을 열어[3] 성경을 깨닫게 해 주셨습니다.

46 예수께서 그들에게 말씀하셨습니다. "이렇게 기록돼 있다. 그리스도께서 고난을 겪고 3일째 되는 날 죽은 사람들 가운데서 살아날 것이며

47 또 예루살렘으로부터 시작해 모든 민족에게 그의 이름으로 죄 용서를 받게 하는 회개가 전파될 것이다.

48 너희는 이 일들의 증인이다.[4]

49 보라. 내가 내 아버지께서 약속하신 것을 너희에게 보낸다. 그러므로 너희는 위로부터 내려오는 능력을 입을 때까지 예루살렘에 머물러 있으라."[5]

저자 해설 및 묵상

예수 그리스도께서는 열 한 제자들 앞에 친히 나타나사 자신의 부활을 친히 확증해 주셨습니다. 여러 가지 방법으로, 그리고 최종적으로는 구약성경에 근거하여 자신의 부활을 확증하셨습니다(44-46절). 그리고 바로 이어 제자들의 증인된 사명에 대해 말씀하십니다(47-48절).

그런데 여기 한 가지 매우 흥미로운 내용이 있습니다. 바

로 예수님께서 구약을 이해하신 방식입니다. 예수님은 구약의 "모세의 율법과 예언서와 시편" [44절])이 자신에 대해 기록했다고 보셨습니다. 구약성경의 다양한 부분들이 구약 당시 살던 하나님의 백성에게 주어진 말씀임을 물론 인정하셨지만, 동시에 그 부분들이 궁극적으로 예수 그리스도 자신에 대한 증언이라는 이야기입니다. 예수님에 따르면, 구약 성경 전체가 하나님의 구원 계획의 중심이요 절정이신 예수 그리스도 자신과 그가 행하신 일들을 기대하고 또 가리킵니다: "이렇게 기록돼 있다. 그리스도께서 고난을 겪고 3일째 되는 날 죽은 사람들 가운데서 살아날 것이며"(24:46).

사실 예수님께서는 구약성경이 궁극적으로 자신에 대해 증거하고 있음을 엠마오를 향하던 두 제자와의 대화 가운데서도 이미 말씀하셨습니다.

"예수께서 그들에게 말씀하셨습니다. "어리석고 예언자들이 말한 모든 것을 마음에 더디게 믿는 사람들이여! 그리스도께서 마땅히 이런 고난을 겪고서 자기 영광에 들어가야 할 것이 아니냐?" 그리고 예수께서는 모세와 모든 예언자들로부터 시작해 성경 전체에서 자기에 관해 언급된 것을 그들에게 자세히 설명해 주셨습니다"(눅24:25-27).

위에 인용한 누가복음24:46, 그리고 앞서 25-27절에서 예수님은 단지 구약의 특정 구절(들)을 인용하시는 것이 아니라, 구약 전체에 흐르는 가장 중요한 원리를 요약적으로 그리고 포괄적으로 제시하셨습니다. 물론 그 가운데 예를 들어 이사야 53장은 중요한 역할을 했겠지만, 예수님은 여기서 단지 이사야 53장뿐 아니라, 구약 전체를 관통하는 원리

저자 해설 및 묵상

저자 해설 및 묵상

와 당위성에 대해 말씀하십니다.[6] 그 원리와 당위성은 그리스도께서 이스라엘 및 그들이 대표하는 인류의 죄를 대신 지시고 십자가에서 고난 받고 죽으셔야 했다는 것과 그가 죽은 자 가운데서 부활하심으로써 하나님의 백성을 위해 약속된 구원이 그리스도 안에 존재함을 보이셔야 했다는 사실입니다. 이를 우리에게 좀 더 친숙한 말로 표현하면 바로 '복음'입니다.

부활하신 예수님에 따르면, 십자가에 죽으시고 다시 사신 예수님 자신이 성경의 중심이자 절정이십니다. 그렇습니다! 바로 예수님이 하나님의 구원 계획의 중심이요 절정이 되십니다. 주 예수 그리스도께서 성경의 중심이요 하나님의 구원 계획의 절정이시란 사실은 – 비록 우리가 읽는 구약 성경의 모든 절(verses)이 메시야에 대한 직접적인 예언은 아닐찌라도 – 결국 구약성경 전체가 궁극적으로 메시야에 대해 증언함을 뜻합니다. 나아가 그리스도께서 성경의 중심이라는 이 의미심장한 진리는 우리 삶이 그리스도의 주권에 순종해야 함을 가르쳐 줍니다. 만일 어느 누가 신, 구약 성경이 삶의 최종적 권위임을 인정한다면, 성경의 중심이신 예수 그리스도 그분이 그의 삶의 주인이시라는 사실 역시 기꺼이 인정해야만 합니다!

오늘 누가복음 24장 본문에서 살펴본 부활 예수의 구약 해석은, 그리스도 중심의 성경해석을 훈련하고 연마해야 할 필요를 우리에게 분명하게 제시합니다. 그런데 누가가 보여주는 그리스도 중심의 성경해석은 그의 세계관이 그리스도 중심적이었음을 반영합니다. 그리스도 중심의 세계관이란 존

> 저자 해설 및 묵상

재하는 실체들을 그리스도 중심으로 바라보는 것을 말합니다. 또 역사를 그리스도 중심으로 해석한다는 말입니다. 그리스도 중심의 세계관을 반영하는 그리스도 중심의 성경해석은 우리를 자연스럽게 그리스도 중심의 삶으로 인도합니다. 사실 우리 삶이 그리스도 중심으로 변화, 성숙해 갈 때, 그리스도 중심의 성경해석은 비로소 그 완성에 이르게 되는 것입니다.

우리의 성경 해석은 그리스도 중심적입니까? 우리는 예수 그리스도께서 신, 구약의 중심이요 성경 해석의 원리가 되심을 깨닫고 있습니까? 예수 그리스도께서 진정 우리 생각의 중심이요 삶의 중심이 됩니까? 정교한 신학적 선언이나 유려한 종교적 어구를 넘어, 예수 그리스도께서 진정 우리의 신앙과 실존의 중심입니까? '그리스도 중심성'은 성경 해석의 주요 과제이며, 또한 우리 삶의 주요 과제이기도 합니다. 이 둘은 불가분의 관계를 갖고 있으며, 사실 하나입니다

---

1 "모세의 율법과 예언서와 시편"은 당시 유대인들이 구약 성경 전체를 율법서-예언서-성문서의 세 가지 부분으로 구분하여 나누는 방식을 대변한다. 여기서 "시편"은 150개의 시편만을 가리키는 것이 아니라 성문서 전체를 가리킨다.
2 눅9:22, 44; 17:25; 18:31-33; 22:37을 보라.
3 시119:18을 참고하라. 제자들의 마음을 열어 성경을 깨닫게 하는 분은 필시 신적인 존재다! 그런 뜻에서 눅24:45은 그 자체로 그리스도의 신성에 대한 간접적 선언을 담고 있다.
4 행1:8을 참조하라.
5 행1:4-5을 함께 참조하라. 행1:8 및 2:1-47도 같이 보라.
6 누가는 구약성경의 특정 구절을 인용하기를 주저하지 않는다(예를 들어, 2:2; 3:4-6; 4:1-13, 18-19 등). 그러나 누가는 지금 이 장면에서는 예수님이 특정 성경 구절(들)을 인용하셨다고 보도하지 않는다는 사실에 주목할 필요가 있다. 예수님이 구약 전체에 호소하셨다고 누가는 보도한다.

묵상과 적용을 위한 질문 1	당신의 성경 읽기는 얼마만큼 그리스도 중심적입니까? 성경의 각 부분을 읽으면서 그 부분이 그리스도의 정체성과 사역과 어떻게 연결되어 있고 있는지를 숙고하십니까?

_____

_____

묵상과 적용을 위한 질문 2	당신의 사고는 얼마만큼 그리스도 중심적입니까? 그리고 당신의 삶은 얼마만큼 그리스도 중심적인가요? 어떤 면에서 그렇고 또 어떤 면에서 그렇지 않습니까?

_____

_____

나/만/의/묵/상/메/모

- 오늘 묵상을 통해 주시는 은혜와 감동에 대해 자유롭게 기록해 보세요.

저자와 함께 하는 한 줄 기도　　　　　　　　　　　　　기도와 결단

> 우리 맘을 열어 성경을 깨닫게 하사, 그리스도의 중심으로 믿고, 생각하고, 살게 하소서.

- 오늘 묵상한 말씀의 적용과 삶의 결단을 담아 자신의 기도를 적어보세요.

Day 39 / '회개', 제자들이 전해야 할 메시지

오늘의 본문
눅 24:44-47

44 예수께서 그들에게 말씀하셨습니다. "내가 전에 너희와 함께 있을 때 모세의 율법과 예언서와 시편에서 나에 대해 기록된 모든 일이 마땅히 이루어져야 한다고 너희에게 말한 것이 바로 이것이다."
45 그리고 예수께서 그들의 마음을 열어 성경을 깨닫게 해 주셨습니다.
46 예수께서 그들에게 말씀하셨습니다. "이렇게 기록돼 있다. 그리스도께서 고난을 겪고 3일째 되는 날 죽은 사람들 가운데서 살아날 것이며
47 또 예루살렘으로부터 시작해 모든 민족에게 그의 이름으로 죄 용서를 받게 하는 회개가 전파될 것이다.

저자 해설 및 묵상

부활하신 주님께서 제자들의 마음을 열어 성경을 깨닫게 해 주시며(45절), 그리고 가장 중요한 줄기에 대해 요약해 주십니다. 예수님이 요약해 주신 구약의 첫 줄기는 예수님 자신의 고난과 부활입니다. 사실 누가복음 전체가 그에 대한 내용이라고 해도 그리 틀린 말은 아닙니다(46절). 예수님의 구약 요약에 들어있는 그 다음 줄기는 예수님의 이름으로 선포되는 회개의 메시지입니다(47절).[1] 누가복음이 예수님의 고난과 부활에 대한 기록이라면, 누가복음의 속편인 사도행전은 죄 사함을 얻게 하는 회개의 메시지에 대한 기록이라고 하겠습니다. 그리고 46-47절에서 잘 보여지듯, 이

둘은 불가분의 관계로 연결되어 있습니다.

그런데 구약의 주된 흐름을 권위 있게 요약해 주시는 이 부분에서, 제자들(사도들)이 예루살렘으로부터 시작해서 열방에 그리스도의 이름으로 전파할 메시지를 '죄 용서를 받게 하는 회개'라고 예수님께서 말씀하신 데 주목할 필요가 있습니다.

여기서 예수님의 말씀은 죄의 문제가 인류에게 본질적 문제임(창3장)을 다시금 확인해 주시고, 죄 사함이 인류에게 있어 궁극적 문제 해결임을 알려줍니다. 죄 용서는 예수 그리스도의 이름으로만 그러니까 십자가에서 죽으시고 부활하신 예수 그리스도를 통해서만 가능합니다. 예수 그리스도를 통해 죄 사함을 얻는 일은 예루살렘뿐 아니라 땅끝에서도 가능합니다(행1:8). 유대인들뿐 아니라 이방인들에게도 가능합니다. 예수를 믿는 자에게는 누구에게나 가능합니다.

47절의 헬라어 구문에서 "전파될 것이다"의 주어[2]는 다름 아닌 명사 '회개'입니다. 예수님은 제자들이 예루살렘에서 그리고 열방에서 선포할 메시지를 한 단어로 '회개'라고 요약하셨습니다(행2:38-40; 3:19, 26참조[3]). 회개는 헬라어(메타노이아[명사] 및 동의 어근을 가진 단어들)로는 생각의 전환/변혁을 뜻하고, 히브리어(슈브[동사] 및 동의 어근을 가진 단어들)로는 '가던 길(삶)을 돌이킨다'는 뜻입니다. 내면, 그리고 그 내면을 여실히 반영해 주는 삶(약2:20 참조)을 돌이켜, 예수 그리스도 안에서 계시된 하나님께로 나아가 죄 사함을 얻는 것이 바로 회개입니다. 내면이 바뀌고 변혁되고 삶 역시 그에 상응하여 변혁되는 것이 바로 회개

저자 해설 및 묵상

저자 해설 및 묵상

입니다(참고 눅19:8). 일시적으로 감정이 센세이션이나 카타르시스를 경험하는 데 그치는 것이 아니라, 진정 내면이 변했기에 삶 역시 변하게 되는 것입니다. 그렇게 볼 때, 부활하신 예수님이 제자들에게 선포하라고 주신 회개의 메시지는 선명한 변혁(transformation)의 메시지입니다.[4] 그리고 사도들은 실제로 그 메시지를 선포했습니다. (예: 행 2:36-42)

하지만 아쉽게도 우리 주변에서 회개의 메시지와 복음이 가져오는 변혁의 메시지(눅19:8; 행2:36-42 참조)를 전파하는 이들이 그리 많지 않은 듯합니다. 그리고 그리 자주 선포되지 않는 그 메시지에 반응하는 이는 안타깝게도 훨씬 더 적은 듯합니다. 그러나 우리가 제대로 잘 못 하고 있다고 해서, 그러니까 소위 우리가 '죽을 쑤고 있다'고 해서, 예수님이 가르치신 바가 변개되거나 타협되어도 된다는 뜻은 결코 아닙니다. 우리가 먼저 주님이 가르치시고 사도들이 전파한 회개의 메시지에 반응하고 또 매일의 삶 가운데 지속해서 그에 반응해야 하겠습니다. 하나님께로 우리 내면을 돌이키고 우리 삶이 하나님 그분을 향해 돌이키는 것이 우리 인생의 방향이 되어야 하겠습니다. 우리가 그런 여정을 지속적이고 충성되게 걷는다면, 분명 그 과정에서 회개와 변혁의 메시지를 전할 기회들이 있을 것입니다.[5] 하지만 우리 삶과 신앙에서 '회개'가 간과되거나 주변으로 밀려나 있다면, '주와 복음을 위한다'는 우리의 외침은 그저 공허한 메아리에 그치고 말 것입니다.

예수님께서는 제자들이 나아가 예루살렘과 열방에 전해

야 할 메시지를 '회개'로 권위 있게 요약하셨습니다. 십자가와 부활의 주, 예수님을 통해 죄 사함을 얻게 하는 그 회개 말입니다. 그 회개가 여러분과 제 삶과 사역을 규정짓게 되길 기도합니다. 만일 우리가 그 회개의 길에서 떠나 있다면, 지금 바로 하나님께로 돌이켜야 합니다. 감정의 센세이션에 그치지 말고, 일시적 카타르시스에 만족하지 말고, 우리 각자와 우리 공동체의 내면과 삶이 하나님께로 돌이켜야 합니다(행2:38-39, 42). 그게 바로 '회개'입니다. 부활하신 주 예수 그리스도께서 말씀하신 '회개'는 제자들이 몸소 실천해야 할 라이프스타일입니다. 입으로 그리고 삶으로 선포해야 할 메시지입니다.

> 저자 해설 및 묵상

---

1 회개에 대해서는 다음의 구절들을 함께 참조하라: 눅3:1-17(침례요한의 회개 촉구); 13:1-5(예수님이 강조한 회개의 필요성).
2 헬라어 문법에 의거하여 더 정확히 말하면, 기능적 주어(functional subject)다.
3 이어지는 사도행전 2장의 내용에 따르면, 그렇게 회개한 이들은 침례를 받았고(41절), 사도들의 가르침에 집중하였으며, 서로 교제하고, 주의 만찬/친교 식사에 참여하고, 기도하는 데 힘을 썼다(42절). 또한 그들은 맘몬 숭배를 극복하고, 구제에 지나칠 정도로 힘썼으며 하나님을 찬양했고 그 가운데 참된 그리스도의 공동체를 이루었다. 그리고 그런 공동체의 모습은 이웃들에게 귀감이 되었다. 그리고 그들을 통해 복음 전도의 역사가 일어났다(43-47절 [4:32-37 참조]).
4 물론, 두말할 나위 없이 여기서 '회개'는 율법주의적 자기 노력이나 자기 학대를 가리키는 게 아니다. 참 회개는 주님의 은혜만을 의지하여 내면과 삶을 그분께 돌이키는 것이다.
5 그런 뜻에서 우리의 신앙은 분명히 공공성을 갖고 있다.

묵상과 적용을 위한 질문 1

성경이 말하는 '회개'란 과연 무엇인가요? 성경이 말하는 회개가 율법주의적인 자기학대나 종교적 자기과시와는 어떻게 구분이 되나요?

_____

_____

묵상과 적용을 위한 질문 2

부활하신 그리스도께서 제자들이 나아가 전파할 메시지를 '회개'로 요약, 정의하신 것이 갖는 의의는 무엇인가요?

_____

_____

묵상과 적용을 위한 질문 3

당신의 삶과 사역에서 '회개'가 갖는 중요성은 무엇인가요? '회개'와 당신의 라이프스타일은 어떤 상관관계를 갖고 있나요? 회개와 변혁의 메시지를 다른 사람들과 나누고 계신가요? 어떻게 나누고 계신가요?

_____

_____

나/만/의/묵/상/메/모

- 오늘 묵상을 통해 주시는 은혜와 감동에 대해 자유롭게 기록해 보세요.

저자와 함께 하는 한 줄 기도

기도와 결단

> 주님이 가르쳐주신 회개의 메시지를 제 삶으로 먼저 실천케 하시고 또 담대히 선포하게 하소서.

- 오늘 묵상한 말씀의 적용과 삶의 결단을 담아 자신의 기도를 적어보세요.

Day 40 / 증인됨, 그 특권과 섬김

오늘의 본문
눅24:48-53

48 너희는 이 일들의 증인이다.[1]
49 보라. 내가 내 아버지께서 약속하신 것을 너희에게 보낸다. 그러므로 너희는 위로부터 내려오는 능력[2]을 입을 때까지 예루살렘에 머물러 있으라."[3]
50 예수께서 제자들을 이끌고 베다니 앞에까지 가시더니 거기서 두 손을 들고 그들에게 복을 주셨습니다.
51 예수께서는 제자들에게 복을 주시는 중에[4] 그들을 떠나 [하늘로 들려 올라가]셨습니다.[5]
52 그러자 그들은 [예수께 경배하며[6]] 기쁨에 넘쳐 예루살렘으로 돌아가
53 하나님을 찬양하면서 계속 성전에 있었습니다.[7]

저자 해설 및 묵상

　어느 사회나 특권층이 존재합니다. 이들은 일반적으로, 더 많이 교육받고 더 많은 경험을 축적할 기회를 얻으며 더 많은 혜택을 누릴 수 있습니다. 그리고 더 큰 영향력을 행사하는 사람들입니다. 이들이 그들이 누리고 있는 것들을 겸손하게 섬김의 자원으로 삼으면 복의 통로가 되지만, 만일 그들이 누리고 있는 것들을 이기적 자기추구의 자원으로 삼는다면 결국 이웃을 비참하게 하고 자기 자신까지 망가뜨리게 됩니다.

　예수님은 자신의 부활을 열 한 제자 앞에서 몸소 확증해 주신 후(24:36-43), 구약 성경에 근거하여 자기 죽음과 부활을 설명하시고 또 죄 사함을 얻게 하는 회개의 메시지가 자

신의 이름으로 열방에 선포될 것이라고 말씀하셨습니다 (44-47절). 그리고 열 한 제자를 향해 "너희는 이 일들의 증인이다"라고 선언하셨습니다. 회개의 메시지를 열방으로 가져갈 사람들은 바로 이 제자들인 것입니다!

> 저자 해설 및 묵상

열 한 제자들은 부활하신 주님을 직접 목격하고 그의 부활을 직접 확증 받으며, 부활하신 주님으로부터 그리스도의 고난과 영광에 대해 구약에 근거한 최고의 설명을 들었습니다. 또한 앞으로 자신들이 자신들의 동족뿐 아니라 열방을 향해 하나님께로 돌이키라는 그 회개의 메시지를 선포하게 될 것이라는 말씀을 들었습니다. 어떤 면에서 보면, 그들이 특권층이라고 해도 과언은 아닐 듯싶습니다.

그러나 그들의 '특권'은 뽐내고 자랑하기 위한 것이 아니었으며, 증인됨을 위한 것이었습니다. '내가 그 특별한 열 한 명 중의 하나야!' 혹은 '내가 예수님 직계제자야!'라고 돌아다니면서 사링하기 위한 것이 아니었습니다. 그들의 특권은 (사도행전에 거듭 기록된 바와 같이) 고난, 핍박, 위협, 생사를 왔다 갔다는 극한 경험들 가운데서도 구약이 예언하고 자신들이 목도한 주 예수 그리스도를 충성되게 증거할 책무를 뜻했습니다(행1:22; 2:32; 3:15; 4:2, 20, 33 참조).

우리 주변에도 자신들의 영적 특권에 대해 자랑하는 그리스도인들이 적지 않습니다. 다른 사람들은 하지 못한 특별한 영적 체험을 했다든지, 어느 훌륭하고 영향력 있는 목사님의 제자라던지, 어느 유명한 교회 출신이라든지, 집안에 대단한 신앙의 위인이 있다든지, 훌륭한 영적 지도자를 개인적으로 잘 안다든지 혹은 죽을 수밖에 없는 상황에서

저자 해설 및 묵상

하나님께서 극적으로 살려 주셨다든지 등등. 그러나 그러한 '특권'은 책임을 다하며 순교를 불사하는 섬김으로 이어져야만 합니다. 책임을 다하는 섬김 없이 자신들의 '특권'에 대해 자랑만 늘어놓는다면, 사실 주님이 주신 축복을 썩히고 있는 셈이기 때문입니다.

2018년 11월 30일 밤, 미국의 41대 대통령인 조지 H. W. 부시 대통령이 94세의 나이로 서거했습니다. 정치적으로 그는 공화당의 중도파였습니다. 정치적으로 입장이 다른 민주당원들 그리고 때로는 공화당의 보수파로부터 크고 작은 비판을 받기도 했습니다. 필자 역시 그의 모든 결정과 행보에 다 동의하지는 않습니다. 그가 자신과 생각이 다른 사람을 존중하는 신사적인 인물이라는 점 그리고 특별히 그가 다른 사람들을 위해 봉사하는 데 열정적으로 헌신되어 있다는 점은 그와 정치적 입장이 다른 사람들도 기꺼이 인정했습니다. 갈수록 양극화되어가는 미국의 정치상황 가운데 정치적 입장을 초월해서 수많은 사람들이 그의 인격과 헌신적 봉사의 삶에 존경을 표했습니다.

그런데 부시가 그렇게 헌신적인 봉사의 삶을 살 수 있었던 것은 바로 삶을 바라보는 그의 독특한 시각 때문이었습니다. 만 18세의 나이에 대학교 입학을 미룬 채, 제2차 세계대전에 참전하여 해군의 최연소 조종사가 된 조지 부시는 만 20세의 어린 나이에 작전 중 적군에 피격되어 추락하는 사건을 경험하게 됩니다. 그는 극적으로 탈출하여 구조됐지만, 동료 두 명은 그때 생명을 잃게 됩니다. 그 때부터 부시는 이어지는 74년의 인생을 살면서 '하나님이 왜 나는 살려 주셨는가? 하나님이 내 인생에서 원하시는 것이 무엇인가? (Why had I been spared and what did God have for me?[8])'라는 질문을 자신을 향해 거듭 던졌습니다. 그 질문에 대한 답으로 부시는 남을 위해 봉사하는 삶을 살았고, 타인을 위한 봉사와 헌신이라는 면에서만은 정치적 입장이 다른 사람들에게도 존경을 받는 정치인이 되었습니다. 조지 부시에게 있어 기적에 가까운 극적 구출을 경험한 과거의 사건은 쓸데없는 특권 의식이나 전쟁 영웅담 또는 공허한 자기 자랑으로 이어지지 않았습니다. 오히려 그 사건은 부시로 하여금 '왜 하나님이 나를 살려 주셨는가?'라는 치열한 질문을 하도록 이끌었고 그 질문에 대한 답으로 타인을 위해 헌신된 섬김의 삶을 살도록 인도했습니다. 정치적으로 입장과 노선이 다른 사람들도 인정할 만한 그런 삶을 살게끔 그를 이끌었습니다.

예수 그리스도를 통한 놀라운 영적 체험들, 죄로부터의 구출 경험, 부활하신 예수님을 인격적으로 만난 체험이 우리를 특권 의식에 갇혀 버린 개인이나 집단으로 만들어선 참 곤란하겠습니다. 그런 놀라운 체험은 우리에게 '왜 나를 구해 주셨는가?'에 대한 응답으로, 하나님과 이웃을 향한 헌신과 섬김의 삶을 살도록 이끌어야 합니다. 바로 사도행전적인 증인의 삶으로 말입니다(눅24:48 [행1:8 참조])![9] 그리스도와 복음으로 인해 손해보고 어려움을 겪고 핍박받으면서도 모든 개인과 공동체가 꼭 들어야 할 그 복음을 입으로 전파하고 삶으로 시연하기 위해 주어진 고난을 기꺼이 감당하는 그런 삶 말입니다 (행5:40-42; 9:15-16; 20-17-24

> 저자 해설 및 묵상

저자 해설 및 묵상

참조).

　고위층 자제나 유명인들이 불법적인 군복무회피에 대한 이야기를 심심치 않게 뉴스에서 접합니다. 힘있고 돈 있으면 그것을 사용해서 어렵고 힘든 것은 피하고자 하는게 대부분 사람들의 심성인 것 같습니다. 안타깝게도 교인들도 크게 다르지 않은 경우가 적지 않습니다. 부활하신 예수님을 대면한 제자들은 부활하신 주님을 직접 뵈었다는 이유로 고난에서 면제되지 않았습니다. 도리어 부활하신 예수님과 그의 복음을 위해 기꺼이 고난을 감당했습니다. 그것이 바로 오늘 본문이 말씀하는 '증인'의 삶입니다. 그것이 바로 부활하신 예수의 제자된 삶입니다. 그것이 바로 극적인 구출경험에서 그저 특권만이 아니라 섬김의 소명을 발견한 삶입니다. 그리고 그것이야 말로 저와 독자 여러분이 살아야 할 그 의미충만한 삶입니다!

저자 해설 및 묵상

1 사43:10; 44:8을 참조하라. 열방을 향한 증인의 역할을 감당하는 것은 하나님께서 이스라엘에 주신 사명이다. 눅24:48(행1:18 참조)에서 부활하신 예수님은 바로 자신의 제자들이 그 사명을 감당, 성취할 것이라고 말씀하신다.
2 사 32:15-16 참조.
3 행1:8 참조. 제자들이 나아가 하나님 나라의 복음을 전파하기에 앞서 성령이 그들에게 임하실 때까지 기다려야 했다는 사실은 성령의 인도하심과 능력을 의지하고 따라가는 것이 우리의 사역에서 얼마나 절대적인지를 보여준다. 물론 이 점은 사도행전 책 전체에 걸쳐 매우 선명하게 드러난다.
4 제자들이 본 예수님의 승천 전 마지막 모습은 그들을 축복하시는 장면이다. 많이 실패하고 거듭 넘어지고 실망스러운 행동을 계속했지만 그런 제자들을 여전히 축복하시는 예수님의 모습을 제자들은 오랫동안 기억했을 것이라 생각한다.
5 예수님의 승천에 대해서는 행1:6-11을 함께 참조하라. 예수 그리스도의 승천은 그가 하나님 우편 보좌에 착석하사 우주를 통치하시고, 그의 백성에게 성령을 파송하시는 사건과 불가분의 관계가 있다. 이 모든 것들이 서로 유기적으로 연결되어 있다. 저자 누가는 예루살렘으로 향하는 예수님의 여정을 그의 승천과 연결시킨다(눅9:51). 누가에 따르면, 예루살렘으로 올라가시는 길이 궁극적으로 승천에의 길이요, 하나님 우편 보좌 착석 및 성령파송에의 길이다. 이러한 이해는 누가복음과 사도행전의 유기적 연결과 맥을 같이 한다.
6 눅1:7-8에 비추어볼 때, 여기서 제자들이 부활하신 예수님께 엎드려 절했다(24:52)는 것은 그의 신성에 대한 또 하나의 간접적 선언이다.
7 누가복음의 마지막 부분인 24:36-53은 행1-2장과 내용상 연결되고 중첩된다. 그러므로 행1-2장을 주의 깊게 살펴보는 것이 누가복음의 마지막 절들을 이해하는데 크게 도움이 될 것이다. 아울러 누가복음의 속편이 사도행전이므로, 이 두 권을 함께 읽는 것이 여러 면에서도 도움이 될 것이다. 본서에서 필자는 종종 사도행전의 관련 구절을 누가복음 해당구절과 함께 제시하곤 했는데, 이는 누가복음과 사도행전의 연결성에 근거한 접근방식이다.
8 여기 이 질문은 다음의 웹사이트에서 직접 인용했다: https://www.washingtonpost.com/religion/2018/ 12/01/george-hw-bush-helped-push-gop-towards-evangelicalism/?noredirect=on&utm_ term=.98f74ef8e8fa
9 이에 대해서는 사도행전 1-2장을 참조하라. 사도행전이 누가복음의 속편(sequel)인 점을 감안할 때, 사도행전을 '누가복음 25장'이라고 해도 아주 틀린 말은 아닐 것이다. 그리고 누가복음(의 마지막 부분)에 대한 이해가 사도행전에 대한 연구를 통해 더 깊어지게 된다는 것도 사실 너무나 자연스러운 것이다.

| 묵상과 적용을 위한 질문 1 | 주변에서 특별한 체험이나 경험을 특권 의식의 근거로 삼는 예를 들어 보십시오. 당신 자신은 솔직히 어떤 특권 의식을 갖고 있습니까? |

| 묵상과 적용을 위한 질문 2 | 당신이 경험한 주님의 은혜에 비추어 특별히 주 예수님을 통한 구원의 은혜에 비추어 어떠한 삶을 살기 원합니까? 또 어떤 삶을 살아야 합니까? 이번 40일의 묵상여정을 마치면서 십자가와 부활의 주 예수 그리스도의 증인으로써 구체적으로 실천할 섬김을 한 가지 적어보세요. |

나/만/의/묵/상/메/모

- 오늘 묵상을 통해 주시는 은혜와 감동에 대해 자유롭게 기록해 보세요.

저자와 함께 하는 한 줄 기도

기도와 결단

> 부활하신 예수님을 인격적으로 만난 특권에 합당한 섬김의 삶 살게 하소서.

- 오늘 묵상한 말씀의 적용과 삶의 결단을 담아 자신의 기도를 적어보세요.

맺으면서

그의 복음서 마지막 부분인 예수님의 승천 기사에서 누가는 특별히 제자들의 예배에 주목합니다.

"예수께서 제자들을 이끌고 베다니 앞에까지 가시더니 거기서 두 손을 들고 그들에게 복을 주셨습니다. 예수께서는 제자들에게 복을 주시는 중에 그들을 떠나 하늘로 들려 올라가셨습니다. 그러자 그들은 예수께 경배하며 기쁨에 넘쳐 예루살렘으로 돌아가 하나님을 찬양하면서 계속 성전에 있었습니다."(눅 24:50-53)

누가복음의 종결부에서 제자들은 자신들을 축복하시며 하늘로 들려 올라가시는 예수 그리스도를 경배했고(52절) 이윽고 기쁨에 차서 예루살렘으로 돌아가서 성전에 머물며 성령의 오심을 기다리는 가운데(48-49절 참조) 하나님을 찬양합니다(53절). 누가복음의 대미는 이처럼 예배로 충만합니다.[1] 예수님의 탄생 기사를 담은 누가복음의 첫 두 장(눅1-2장)이 마리아 찬가, 사가랴 찬가, 목자들의 찬미, 시므온의 찬양, 안나의 감사를 포함하여 하나님께 대한 예배로 가득 차 있었던 점을 생각한다면 그리고 저자 누가가 그의 복음서 중간중간마다 경배와 찬양의 장면에 주목하고 있음을 기억한다면(예: 눅17:15-16; 18:43; 23:47), 누가복음이 이처럼 예배로 마치는 것은 어찌 보면 필연입니다.[2] 누가는 경배와 찬양으로 가득찬 그의 복음서를 예배로 종결하면서 그의 독자들로 하여금 예수 그리스도 안에서 계시된 하나님을 찬양하고 경배하도록 초청하고 있습니다.

주님에 대한 경배로 가득 찬 누가복음의 맺음말을 따라, 예수 그리스도의 고난과 부활에 대한 지난 40일간의 묵상 여정을 예배로 마치기 원합니다.

> 빛나고 높은 보좌와 그 위에 앉으신
> 주 예수 얼굴 영광이 해 같이 빛나네 해 같이 빛나네
> 지극히 높은 위엄과 한 없는 자비를
> 뭇 천사 소리 합하여 늘 찬송 드리네 늘 찬송 드리네
> 영 죽을 나를 살리려 그 영광 떠나서
> 그 부끄러운 십자가 날 위해 지셨네 날 위해 지셨네
> 나 이제 생명 있음은 주님의 은혜요
> 저 사망 권세 이기니 큰 기쁨 넘치네 큰 기쁨 넘치네
> 주님의 보좌 있는데 천한 몸 이르러
> 그 영광 몸소 뵈올 때 내 기쁨 넘치리 내 기쁨 넘치리 아멘
> (새찬송가 27장, "빛나고 높은 보좌와")

---

1 마태복음의 대미 역시 부활하신 그리스도에 대한 예배로 가득차 있다. 특히 마28:10, 17을 보라. 마 28:10, 17(제자들이 예수님께 절하는 장면)의 중요성은, '오직 하나님만 경배해야 한다'는 예수님의 명백한 기준(마4:8-10[신6:13 참조])과 연결하여 이해할 때 한층 더 부각된다. 예수 그리스도는 단지 이상적인 인간이 아니라 하나님 아버지와 하나이신 신적 존재시다. 예수 그리스도가 '참 하나님이시요, 참 인간'이라는 칼케돈 공의회의 선언은 주후 451년의 것이지만, 그런 기독론적 이해는 신약성경의 가르침에 뿌리를 두고 있다.
2 누가복음의 속편인 사도행전 역시 하나님께 대한 예배와 찬양으로 가득 차 있다. 예를 들어, 행2:47; 4:21; 10:46; 11:18; 13:2, 48; 21:20을 보라.